40

16	3	2	13
5	10	11	8
9	6	7	12
4	15	14	1

Luiz Carlos Bresser-Pereira

AS REVOLUÇÕES UTÓPICAS DOS ANOS 60

A revolução estudantil e a
revolução política na Igreja

3ª edição

editora■34

EDITORA 34

Editora 34 Ltda.
Rua Hungria, 592 Jardim Europa CEP 01455-000
São Paulo - SP Brasil Tel/Fax (11) 3816-6777 www.editora34.com.br

Copyright © Editora 34 Ltda., 2006
As revoluções utópicas dos anos 60 © Luiz Carlos Bresser-Pereira, 2006

A FOTOCÓPIA DE QUALQUER FOLHA DESTE LIVRO É ILEGAL, E CONFIGURA UMA
APROPRIAÇÃO INDEVIDA DOS DIREITOS INTELECTUAIS E PATRIMONIAIS DO AUTOR.

Capa, projeto gráfico e editoração eletrônica:
Bracher & Malta Produção Gráfica

Revisão:
Moira Martins de Andrade
Marcela Vieira

1ª Edição - 1972 (em *Tecnoburocracia e contestação*, Editora Vozes)
2ª Edição - 1978 (Editora Vozes)
3ª Edição - 2006

CIP - Brasil. Catalogação-na-Fonte
(Sindicato Nacional dos Editores de Livros, RJ, Brasil)

Bresser-Pereira, Luiz Carlos, 1934-
B492r   As revoluções utópicas dos anos 60: a revolução
estudantil e a revolução política na Igreja / Luiz Carlos
Bresser-Pereira. — São Paulo: Ed. 34, 2006.
208 p.

ISBN 85-7326-349-0

Inclui bibliografia.

1. Estudantes - Atividade política. 2. Clero -
Atividade política. 3. Participação política. I. Título.
II. Título: A revolução estudantil. III. Título: A revolução
política na Igreja.

CDD - 322

AS REVOLUÇÕES UTÓPICAS DOS ANOS 60

Prefácio à 3ª edição 7

Parte I
A REVOLUÇÃO ESTUDANTIL

I. A revolução do nosso tempo 37
II. Os ex-revolucionários e os novos revolucionários. 40
III. As causas superficiais 52
IV. As condições da revolta estudantil 57
V. As causas históricas 60
VI. A ideologia revolucionária 76
VII. Revolta ou revolução 94
VIII. Conclusão e resumo 102

Parte II
A REVOLUÇÃO POLÍTICA NA IGREJA

I. Os sintomas da revolução 107
II. A Igreja no poder 132
III. A reconciliação com o mundo moderno 141
IV. A revolução de João XXIII 157
V. Condições da revolução 167
VI. As causas da revolução 172
VII. Conclusão 198

Bibliografia 201
Índice onomástico 205

para Vera Cecília, minha mulher

PREFÁCIO À 3ª EDIÇÃO

Este livro destina-se a quem estiver interessado em um tempo de mudança e de esperança em que a segurança vinha da construção de um futuro compartilhado, e não da busca individual e sem quartel da própria realização pessoal. Os anos 60 do século XX foram um momento de transformação cultural e de grandes esperanças. Depois do pesadelo das duas grandes guerras, a humanidade parecia voltar a acreditar em um mundo melhor, mais republicano, mais solidário. A idéia de progresso, que morrera em 1914, parecia renascer. O período entre 1945 e 1970 foi de grande desenvolvimento. Nesses anos, as taxas de crescimento econômico por habitante, no mundo inteiro, bateram todos os recordes, mais do que dobrando em relação ao desempenho da primeira metade do século XX ou do anterior. Por isso esse período foi denominado de os Anos Dourados do capitalismo. Enquanto isso, no plano político, as esperanças em um mundo mais democrático e mais justo ganhavam força. Já os anos 40 e 50 haviam sido anos de progresso: os anos da Declaração dos Direitos do Homem das Nações Unidas, do surgimento da "teoria do desenvolvimento" baseada na industrialização e na crítica do imperialismo, da independência das antigas colônias na África e na Ásia, das filosofias existencialistas e personalistas que afirmavam a responsabilidade de cada um de nós pelas nossas ações, do neo-realismo no cinema italiano e dos *beatniks* começando uma revolução cultural. Mas foi nos anos 60 que o movimento transformador ganhou força, com o crescente ativismo e capacidade reivindicatória dos sindicatos, com a Revolução Estudantil, a revolu-

Prefácio à 3ª edição   7

ção política da Igreja Católica, principalmente na América Latina, com a Primavera de Praga, a nova independência sexual e pessoal das mulheres a partir do surgimento da pílula anticoncepcional, a revolução cultural dos *hippies*, a explosão dos Beatles, a *nouvelle vague* na França, o cinema novo e a bossa nova no Brasil. Na própria China, a Revolução Cultural inscreveu-se nesse quadro, mas, afinal, como acontece quando as utopias se radicalizam e se transformam em programa de ação revolucionário, tornou-se intolerante, indo de encontro ao próprio pensamento que lhe dera origem, e, por isso, totalitária.

É claro que nem tudo caminhou na melhor direção. A guerra do Vietnã aconteceu fundamentalmente nessa década e foi um dos momentos de mais alta irracionalidade e barbárie dos tempos modernos. Em nome de uma tese esperta — a teoria do dominó, segundo a qual os países cairiam um a um nas mãos do comunismo —, aplicada de forma equivocada ao governo do Vietnã, que era um governo preocupado em realizar sua revolução nacional, os Estados Unidos fizeram uma guerra terrível contra aquele povo, o que indignou os democratas americanos. E a própria Guerra Fria atingiu um momento de risco real no episódio dos mísseis russos levados para Cuba. Na América Latina, os anos 60 acabaram sendo trágicos porque, em nome dessa guerra ideológica, e especificamente da Revolução de Cuba, de 1959, houve um processo dominó de golpes militares modernizantes com o apoio dos Estados Unidos, que começou no Brasil em 1964, passou pela Argentina e Uruguai, e terminou no Chile em 1973. Não obstante estes fatos, os anos 60 foram anos de transformação e de esperança, em que o mais nobre dos objetivos políticos — a justiça — pairou alto entre as expectativas de todos.

Escrevi os dois ensaios que constituem este livro — um sobre a revolução estudantil, outro sobre a revolução política na Igreja Católica — ainda nos anos 60. O que aconteceu depois? As duas revoluções terminaram: a revolução estudantil foi só um momento; a mudança na Igreja Católica perdeu força na América Latina e foi interrompida em nível mundial a partir do longo papado de João Paulo II. O retrocesso conservador, porém, não se limitou às duas revoluções utópicas. Ele foi mais abrangente. Nestes últimos 35 anos, houve progresso técnico e material, e a renda por habitante cresceu, ainda que mais lentamente. Mas estes foram tempos contra-revolucionários, tristemente conservadores, em que a ordem prevaleceu sobre a justiça e a violência ressurgiu com força, apesar dos avanços democráticos. Apesar de o desenvolvimento científico e econômico ter continuado a ocorrer de forma acelerada, e de o mundo ser hoje mais próspero do que era então, é impossível não reconhecer que o mundo tornou-se mais desigual e injusto e, o que é pior, mais inseguro. O envolvimento cívico das pessoas diminuiu, ao passo que o individualismo avançou em quase toda parte. A renda, que se desconcentrava depois da Segunda Guerra Mundial, voltou a concentrar-se em quase todos os países. O crime organizado, o tráfico de drogas, de mulheres e crianças, bem como o terrorismo, ganharam novo impulso. O crime continuou a grassar nas grandes cidades da periferia do sistema capitalista.[1] E a própria ameaça de guerra — que nos anos 60 era ainda concreta, mas foi desaparecendo à medida que o sistema econômico estatal soviético, que fora efetivo em proporcionar a industrialização pesada inicial, mostrava-se agora ineficiente para coordenar uma economia muito mais complexa — voltou paradoxalmente a ser real.

O individualismo e o conservadorismo do nosso tempo, assim como o crescente cinismo da própria classe média, que nos anos 60 era a fonte de toda a mudança, não precisam aqui ser demonstrados. Robert Putnam demonstrou essa tese amplamente em relação aos Estados Unidos. O espírito cívico, expresso no capital social, na existência de redes sociais e particularmente de

---

[1] Nos países ricos, as taxas de criminalidade se mantiveram relativamente constantes, conforme se pode ver em David P. Farrington, Patrick A. Langan e Michael Tonry, "National Crime Rates Compared", Londres, Bureau of Justice Statistics, out. 2004. Esse trabalho compara oito países desenvolvidos entre 1981 e 1999.

organizações cívicas, que aumentava até os anos 60, a partir da década seguinte entra em claro processo de retrocesso. "Nos anos 60", diz ele, "os grupos comunitários na América pareciam estar no limiar de uma era de expansão e envolvimento... Nas últimas décadas do século XX... começaram a desaparecer".[2] Depois de um momento de grandes mudanças, é normal que a ordem volte a ser colocada em primeiro lugar. E, como mostrou Hirschman, depois que uma geração coloca todas as suas esperanças na transformação social e as vê frustradas, é de se esperar que a próxima se volte para os interesses individuais ou mesmo que se torne cética e cínica.[3] Barbara Ehrenreich, escrevendo sobre a classe média profissional, que, por sua própria ubiqüidade, caracteriza o mundo dos países ricos, observou que a jornada intelectual, política e moral dessa classe foi uma história que começou com o clima de generosidade e otimismo dos anos 60, para terminar em cinismo e em um auto-interesse cada vez mais estreito.[4] Por outro lado, os dados sobre o aumento da concentração de renda, a redução das oportunidades de mobilidade social e o aumento da violência estão em toda parte. Vejam-se, por exemplo, os dados referentes aos dois primeiros problemas, e portanto ao problema da justiça social, nos Estados Unidos. De acordo com pesquisa realizada pelo Economic Policy Institute, de Washington, de 1979 a 2000, a renda média dos 20% mais pobres aumentou 6,4%, ao

---

[2] Robert D. Putnam, *Bowling Alone: Collapse and Revival of American Community*, Nova York, Simon and Schuster, 2000, p. 16. É interessante notar, porém, que em um país como o Brasil, embora tenha havido também o desinteresse geracional pela coisa pública, o espaço público foi enriquecido por um sem-número de organizações cívicas ou organizações da sociedade civil. Por isso, provavelmente, enquanto a democracia, inclusive formas participativas de democracia, tem avançado, nos Estados Unidos a paralisia institucional e democrática parece clara.

[3] Albert O. Hirschman, *Shifting Involvements*, Princeton (NJ), Princeton University Press, 1982.

[4] B. Ehrenreich, *Fear of Falling*, Nova York, HarperPerennial, 1990.

passo que a renda média do 1% mais rico aumentou 184%. Enquanto os cem principais executivos recebiam em 1979 uma remuneração média anual de US$ 1,3 milhão, hoje ela é de US$ 35,5 milhões: em 1979, a remuneração dos executivos era 39 vezes maior do que a do trabalhador médio; em 2000, essa relação havia aumentado para mais de mil vezes! Por outro lado, segundo pesquisa de Earl Wysong e de dois colegas, os três da Universidade de Indiana, a mobilidade social nos Estados Unidos caiu verticalmente: em 1978, 23% dos adultos que nasceram entre os 20% mais pobres da população haviam alcançado o quinto mais alto; em 1998, essa percentagem caiu para apenas 10%. *The Economist*, que relatou esses dados, comenta: "Em qualquer setor que você olhe os Estados Unidos de hoje você verá elites aperfeiçoando a arte de se autoperpetuarem. Os Estados Unidos são cada vez mais parecidos com a Grã-Bretanha imperial, com dinastias proliferando, grupos sociais privilegiados se entrecruzando e auto-reforçando, mecanismos de exclusão social ganhando força, e a diferença entre as pessoas que tomam decisões e moldam a cultura e a vasta maioria dos trabalhadores aumentando".[5]

Desde que o capitalismo e a modernidade se tornaram realidade, as sociedades que incorporam suas estruturas, valores e instituições, que se modernizam, portanto, experimentam o desenvolvimento econômico, político e social. A modernidade nasce na Renascença e chega ao auge no século XVIII, com a crença na razão e no progresso. De acordo com o otimismo iluminista, a razão, através da ciência, da moral e das artes, traria aos homens não apenas o progresso material, mas a liberdade, a justiça e a própria felicidade. Os conservadores se opuseram a essa visão, mas quando ela entrou em crise, com as duas grandes guerras do século XX, foi uma idéia renovada do progresso que emergiu vitoriosa no pós-guerra: o progresso, agora pensado em termos de desenvolvimento econômico e avanço da democracia, de

---

[5] "Meritocracy in America", *The Economist*, 1/1/2005, pp. 22-4.

Prefácio à 3ª edição

autonomia pessoal e responsabilidade cívica. Forma-se assim uma concepção emancipatória da modernidade, cuja matriz, como lembra Rouanet, é o projeto civilizatório da Ilustração.[6] Foi essa idéia de progresso que minha geração aprendeu. Foi essa a visão que Habermas, por exemplo, foi capaz de formular e transmitir. Renovava-se a crença na força transformadora da razão, mas com a consciência das suas próprias condicionantes, ao mesmo tempo em que se valorizava o indivíduo responsável de que nos falava Sartre em 1946.[7] Nessa linha geral de pensamento, para Alain Touraine, "não há modernidade sem racionalização; mas também sem a formação de um sujeito-no-mundo que se sente responsável em relação a si próprio e à sociedade". Essa racionalização, porém, não deve ser reduzida à sua forma instrumental, e o indivíduo dessa modernidade possível transforma-se em Sujeito, na medida em que o homem deixe de ser o simples projeto de Deus ou das normas sociais, e que "o princípio central da moralidade se torne uma liberdade, uma criatividade que é seu próprio fim e se opõe a todas as formas de dependência"[8]. Mais uma vez a verdade deixava de ser puramente relativa, para ser o resultado modesto e provisório, mas possível, da ação comunicativa.

A partir da crise dos anos 70, porém, o conservadorismo volta com força. Na alta modernidade dos Anos Dourados, a modernidade envolve uma mudança profunda de valores e de moral — a autonomia das mulheres, a nova sexualidade, o respeito ao homossexualismo, o aumento dos divórcios — que terá como reação o neoconservadorismo do nosso tempo. É o novo individualismo que está surgindo em substituição ao individua-

---

[6] Sérgio Paulo Rouanet, "Globalização e políticas culturais", Seminário Internacional sobre Cultura e Contemporaneidade, UnB, 4/11/1999.

[7] Jean-Paul Sartre, *O existencialismo é um humanismo*, Lisboa, Presença, 1964 [1946].

[8] Alain Touraine, *Critique de la modernité*, Paris, Fayard, 1992, pp. 238, 244-5.

lismo clássico, burguês e liberal, centrado nos valores familiares e na idéia de realização pessoal através do trabalho, ao individualismo que, na sua melhor manifestação, adicionava ao liberalismo o espírito republicano, a responsabilidade cívica. O individualismo dos anos 60 foi um individualismo de transição, no qual já estão presentes os aspectos hedonistas atuais, como pudemos ver bem no filme de Bernardo Bertolucci *Os sonhadores*,[9] os aspectos libertários ("É proibido proibir") e os aspectos republicanos, que aparecem em todas as revoluções utópicas da época. Já o novo individualismo da contra-revolução do nosso tempo é narcisista e hedonista.[10] É o individualismo que, já em 1962, Macpherson chamou de 'possessivo'.[11] O novo individualismo transforma o sujeito na medida final de tudo, orienta-se para a realização profissional e pessoal a partir de um pressuposto de liberdade à qual, entretanto, não se soma a responsabilidade cívica. Pelo contrário, é um individualismo muitas vezes cínico, no qual a idéia de liberdade é pensada como fruição e se realiza em um quadro de relativismo moral em que tudo é permitido. Esse individualismo exacerbado ganhou nova versão e nova força a partir da vitória do capitalismo sobre o estatismo soviético, indevidamente confundido com socialismo. Se não era mais possível pen-

---

[9] É fascinante como nesse filme os jovens personagens, no momento da revolução de maio de 1968, adotam primeiro uma atitude hedonista radical para, em seguida, passar para uma ação republicana igualmente radical.

[10] Para um defensor da pós-modernidade, Michel Maffesoli, o sentimento de precariedade da vida humana da pós-modernidade expressa-se essencialmente através do hedonismo, ou do sentido trágico, que ele considera a marca fundamental da pós-modernidade. Suas palavras: "É essa vaidade das ações humanas, esse sentimento de sua precariedade e da brevidade da vida que se exprimem, mais ou menos conscientemente, no trágico latente ou no hedonismo ardente próprios deste fim de século". Michel Maffesoli, *L'Instant Éternel*, Paris, Denoël, 2000, p. 29. O subtítulo de seu livro é "O retorno do trágico nas sociedades pós-modernas".

[11] Crawford Brough Macpherson, *A teoria política do individualismo possessivo*, São Paulo, Paz e Terra, 1979 [1962].

sar coletivamente em um mundo melhor para todos, se as idéias socialistas, mesmo as democráticas e moderadas, pareciam inviáveis, seria sempre possível a cada um de nós cuidar de si próprio. Não haveria mais a possibilidade de um destino comum, mas — imaginou-se — seria possível haver um destino individual. Cada indivíduo, ou, mais precisamente, cada membro das classes mais favorecidas — agora livre da restrição de sobrevivência e portanto dotado de relativa autonomia na definição de sua própria vida — poderia se pensar como o centro do universo, como a razão de ser do próprio mundo, e dedicar-se à fruição narcisista de si próprio.

A descrença individualista em um mundo melhor, que se tornou dominante a partir dos anos 70, tem no plano cultural sua expressão mais clara no pós-modernismo. Gilles Lipovetsky fala sobre esse individualismo marcado pela "explosão das aspirações de autonomia subjetiva em todas as camadas sociais, nas diversas categorias etárias e de sexo. É assim que se impõe o individualismo pós-moderno — desligado tanto dos ideais coletivos quanto do rigorismo educativo, familiar, sexual".[12] Voltamos ou ao desespero, ou ao relativismo, quando o pós-modernismo assume caráter filosófico, ou caminhamos para o multiculturalismo, quando as demandas legítimas das culturas minoritárias ou subordinadas encontram na modernidade um obstáculo à sua própria legitimação. Fica clara, então, a relação de conflito entre as aspirações de racionalidade e universalidade do mundo moderno e globalizado, e a crescente fragmentação e complexidade desse mesmo mundo, no qual os indivíduos se sentem confusos, se não perplexos, diante da incrível variedade dos insumos informativos que recebem todos os dias.[13]

---

[12] Gilles Lipovetsky, "Postface" à 2ª ed. de *L'Ère du vide*, Paris, Gallimard, 1993, p. 316.

[13] Stuart Hall, "The Question of Cultural Identity", em Stuart Hall, David Held, Don Hub e Kenneth Thompson (orgs.), *Modernity*, Oxford, Blackwell Publishers, 1996, pp. 595-634.

A terceira e mais generalizada expressão do pós-modernismo, porém, ocorre quando a recusa das idéias e normas universais se torna enraizada na realidade social. Nesse momento, como sugere Fredric Jameson,[14] o pós-modernismo assume a forma do pastiche: além de ser um reflexo do "capitalismo multinacional e do consumo", constitui uma reação aos excessos da modernidade e do modernismo. Ou seja, nesse ponto, o novo individualismo e o neoconservadorismo se aproximam, embora de forma contraditória. O neoconservadorismo será uma reação ao novo individualismo hedonista, embora os representantes deste último sejam eles próprios conservadores do ponto de vista político (não do ponto de vista moral). O conservadorismo sempre se opôs à modernidade (da qual o modernismo foi uma das expressões limite), desde que esta emergiu na Renascença, em nome dos valores e da moral tradicional, baseada na religião. A nova onda conservadora, porém, terá uma característica particular: será neoliberal e, portanto, uma expressão do capitalismo e do mercado. No século XIX, o liberalismo revolucionário chocara-se com o conservadorismo, que se opunha ao capitalismo. Agora, o neoconservadorismo apóia o progresso técnico e o mercado, mas ele só logra essa compatibilização, conforme observa Habermas, a partir da crença na possibilidade de se estabelecer um divórcio entre a esfera econômica e a cultural. Enquanto para o neoconservador a economia capitalista pode e deve continuar a se expandir, no plano cultural a esperança está no reviver da religião e dos valores tradicionais que ela ensina. Essa será a única forma de pôr um freio à modernidade individualista e hedonista, baseada na expectativa de ilimitada realização pessoal.[15] Esse novo conservadorismo neoliberal condena a nova autono-

---

[14] Fredric Jameson, "Postmodernism and Consumer Society", em Hal Foster (org.), *Postmodern Culture*, Londres, Pluto Press, 1985 [1982], pp. 111-25.

[15] J. Habermas, "Modernity, an Incomplete Project", em H. Foster (org.), *Postmodern Culture*, Londres, Pluto Press, 1985 [1981], pp. 3-15.

Prefácio à 3ª edição

mia humana, que ele identifica com licenciosidade, redescobre o mercado auto-regulado, ataca o Estado e a política em nome da eficiência, subordina a democracia a essa mesma racionalidade instrumental, reinventa a idéia de progresso, agora identificada com a inovação, ataca a política em nome da eficiência e remistifica a ciência com o objetivo de afirmar a autoridade do especialista, do técnico, sobre o povo.

NEOCONSERVADORISMO E MEDO

Neste mundo em que as diversas formas de neoconservadorismo assumiram tanta importância, a insegurança e o medo tornaram-se cada vez mais espalhados. O medo não é mais de guerra proveniente do país vizinho, mas é o medo do terrorismo político, do fundamentalismo islâmico, da violência das máfias, das doenças contagiosas associadas à miséria, dos pobres do resto do mundo que imigram. O medo sempre existiu e existirá em todas as sociedades. Alguns medos são reais, como o medo de uma conflagração nuclear durante os primeiros 30 anos da Guerra Fria. Em qualquer circunstância, o medo pode ser avaliado e enfrentado de forma relativamente racional. O que vemos hoje, porém, nos Estados Unidos particularmente, é um medo irracional que leva a respostas ainda mais irracionais. Medo que aparece de maneira tão sugestiva em *Land of Plenty*, de Wim Wenders.[16] Medo que provoca reações antiamericanas igualmente irracionais, que ignoram como é forte dentro desse país, principalmente nas suas costas Leste e Oeste, a reação contra as políticas neoconservadoras. O medo é sempre a angústia diante do desconhecido, daquilo que ameaça a ordem a ser conservada, a segurança a ser preservada a qualquer custo. Enquanto o progressista está dispos-

---

[16] Um filme de grande beleza, no qual o diretor alemão, que é um apaixonado pelos Estados Unidos, mostra o caráter patético desse medo.

to a arriscar a ordem em nome da justiça, a opção conservadora é sempre pela ordem, pela segurança. Uma opção que muitas vezes é legítima, porque a segurança é o bem maior (porque condição para os demais) que a política e o Estado devem garantir aos cidadãos nas democracias. Trata-se, no entanto, de uma opção que se torna perigosamente irracional quando guiada pela angústia e o medo. A angústia diante do desconhecido e a busca prioritária da segurança ou da ordem sempre dominaram o pensamento conservador. Nos Estados Unidos, nos anos 80, quando já havia um claro declínio do poder soviético, o governo Reagan usou o medo como argumento para novamente elevar as despesas com armamentos e, o que é mais importante, obter o apoio dos eleitores. Conforme observou Noam Chomsky, comentando essa época, "você precisa de alguma coisa para amedrontar as pessoas, para impedi-las de prestar atenção àquilo que está realmente acontecendo a elas. Você precisa de alguma forma despertar medo e ódio para dar vazão ao descontentamento decorrente das condições econômicas e sociais".[17] É verdade que o conservadorismo daquela época tem uma característica particular, que hoje vai desaparecendo. É neoliberal e, por isso, contraditório: alia o conservadorismo social e político a reformas que tornem o mercado e o risco econômico maiores. Talvez por isso, Ulrich Beck e Anthony Giddens caracterizaram a sociedade contemporânea como "risk society".[18] Depois do 11 de setembro de 2001, porém, nos Estados Unidos, país superpoderoso no plano militar e onde o capitalismo parecia triunfante, o medo tornou-se mais presente, quase avassalador. A cultura do medo é antiga naquele país e serviu, durante a Guerra Fria, para justificar as despe-

---

[17] N. Chomsky, *The Common Good*, Monroe (Me), Odonian Press, 1998, p. 42.

[18] Ulrich Beck, *Risk Society*, Londres, Sage, 1992 [1986]; Anthony Giddens, "Risk Society: The Context of British Politics", em Jane Franklin (org.), *The Politics of Risk Society*, Cambridge, Polity Press, 1998, pp. 23-34.

sas com armamentos. Quem não se lembra da noção de complexo militar-industrial, que o presidente Eisenhower há tanto tempo denunciou? Ou da guerra do Vietnã? Mas, naquele tempo, era o próprio capitalismo que se sentia ameaçado. Agora, era apenas a hipótese absurda da repetição em massa de atos terroristas que fundamentava o medo; contudo essa hipótese revelou-se suficiente para que os novos conservadores e os novos fundamentalistas cristãos iniciassem uma guerra não apenas contra outro país mas ao terrorismo em geral, e ao islâmico em particular. Dessa forma, através de uma profecia auto-realizada, a "guerra de civilizações" se materializava. Ou seja, o mundo, que através da longa e dura institucionalização de um sistema político global, centrado na Organização das Nações Unidas, havia rejeitado a barbárie, voltava a ela sob o signo do conservadorismo e do medo.

Da mesma forma que o liberalismo foi importante para promover a liberdade, e o socialismo é necessário para fazer avançar a justiça, o conservadorismo faz sentido em uma sociedade em transformação na medida em que busca pôr ordem na mudança. Entretanto, quando a mudança tecnológica se acelera explosivamente, como aconteceu na segunda metade do século XX, e repercute de forma poderosa na esfera da vida social, a busca da ordem facilmente deixa de se inspirar na razão e passa a ser dominada pelo medo. É nesses momentos que mesmo os progressistas e liberais sentem mais necessidade do que nunca de instituições democráticas e de um espaço público de debates que dêem conta do novo, do imprevisto, se não do imprevisível. Mas é também nesses momentos que a sociedade se torna terreno fértil para as diversas formas de milenarismo e de fundamentalismo que vimos ressurgir tanto no mundo dos países pobres quanto no dos ricos. O milenarismo — a esperança de mil anos de felicidade sobre a terra profetizada no livro *Apocalipse* — marcou sempre o cristianismo e foi um dos componentes da identidade dos Estados Unidos desde a sua fundação. Somado ao caráter apostólico tanto do cristianismo quanto do islamismo, o milenarismo pode levar a graus elevados de irracionalidade. Já o fundamentalismo — a observância rigorosa à ortodoxia de doutrinas religiosas antigas — é uma reação à modernidade ou à mudança irracional por definição. Essa ameaça pode ser mais imaginária do que real, como temos visto principalmente na sociedade americana. O terrorismo se fez ali presente de maneira efetivamente amedrontadora uma única vez, no 11 de setembro, mas este fato foi suficientemente traumático para que a reação conservadora aumentasse e se transformasse em pura irracionalidade através de um messianismo religioso e político de quem se considera o povo eleito.[19] A presença forte do neoconservadorismo religioso desde os anos 70, como reação à mudança econômica e tecnológica acelerada por que o país passava sem cessar, facilitou a manipulação política do medo. O 11 de setembro, porém, causou tanto impacto na sociedade americana porque pela primeira vez desde 1812, descontado o caso particular de Pearl Harbor, os Estados Unidos sofriam um ataque em seu território. A *hubris* da potência hegemônica foi então diretamente provocada. Ficou então patente o quanto a angústia do poder, originada nas novas responsabilidades que o país assumiu ao ascender à condição de potência hegemônica, materializou-se no sentimento de ultraje à honra nacional. Mas não foi só nos Estados Unidos que as atrocidades do 11 de setembro deram origem a uma reação conservadora e autoritária. Também na Rússia o presidente Putin usou o mesmo tipo de argumento para esmagar a Chechênia e, na Tur-

---

[19] Em seu discurso de posse para o segundo mandato, o presidente George W. Bush voltou a declarar que "não nos consideramos uma nação escolhida", mas a simples preocupação em fazer essa afirmação, combinada com a insistência em defender a liberdade, e a declaração de que "o grande objetivo de pôr fim à tirania é um trabalho concentrado que vai levar gerações", deixam claro esse caráter messiânico dos Estados Unidos. O que, afinal, não é tão surpreendente quando consideramos que esse país foi fundado por imigrantes puritanos que fugiam das perseguições religiosas na Inglaterra. Essa defesa básica das liberdades foi sempre um dos ativos da grande nação, mas também é um de seus passivos quando o aspecto religioso e messiânico da busca da liberdade se manifesta.

Prefácio à 3ª edição

quia, o governo se apropriou do mesmo para continuar a reprimir os curdos.[20]

O fundamentalismo islâmico nos países do Oriente Médio também é o resultado da ameaça representada pela mudança, mas é principalmente uma manifestação de nacionalismo. Repetindo uma antiga prática dos países europeus, usa-se da religião para estabelecer as bases da nação e do estado-nação. Neste caso, porém, a ameaça não é tecnológica: é a ameaça que vem dos países ricos. Uma ameaça que começou porque as grandes nações estavam interessadas no petróleo, desde a violência imperial de que foi vítima o primeiro-ministro democraticamente eleito no Irã, Mohammed Mossadegh, em 1953, quando tentou controlar nacionalmente a indústria do petróleo do país, e que se mantém até hoje, apesar do acesso ao mercado do petróleo estar aberto a todos e a Guerra Fria haver terminado.

Enquanto o fundamentalismo islâmico nacionalista reage ao neoimperialismo e resulta em terrorismo, o fundamentalismo cristão nos Estados Unidos usa da agressão sofrida no 11 de setembro para exercer sua dominação capitalista. A invasão do Iraque, um país petrolífero onde não havia sequer um governo fundamentalista, mas apenas uma velha e impiedosa ditadura secular, é a expressão trágica dessa irracionalidade conservadora. Não fazendo sentido alegar o problema do petróleo e havendo terminado a Guerra Fria, os neoconservadores no poder nos Estados Unidos alegaram perigos inexistentes e decidiram iniciar a "guerra ao terrorismo" por um país que não estava envolvido em terrorismo nem possuía armas de destruição em massa. Diante de situações como essa, ou da corrupção generalizada que caracteriza com freqüência os governos apoiados pelas grandes potências na região, o recurso das sociedades do Oriente Médio ao fundamentalismo nacionalista é uma conseqüência quase natural. Diante da necessidade de organizar a resistência e realizar sua própria revo-

---

[20] N. Chomsky, *9-11*, Nova York, Seven Stories Press, 2002, p. 125.

lução nacional, essas sociedades apelam para uma solução religiosa, autoritária, se não totalitária, e irracional.

Não obstante essas formas irracionais de exercício de poder, as sociedades mais avançadas — especialmente as européias — jamais estiveram tão próximas dos grandes objetivos políticos de ordem, liberdade, bem-estar, justiça e defesa do ambiente. Durante o século XX houve um grande avanço político em todo o mundo, e, naqueles países, a democracia deixou de ser uma democracia de elites para se tornar uma democracia de opinião pública. E (esta é a nota mais otimista deste prefácio) começam a surgir em diversos países sinais de transição para uma terceira forma de democracia, de democracia participativa e republicana, graças ao extraordinário aumento do número e importância das organizações da sociedade civil. Mesmo, porém, nas sociedades européias, a impressão que se tem é de confusão e perplexidade. Nos países de desenvolvimento médio da América Latina, e particularmente no Brasil, embora o desenvolvimento político continue a ser um fato, a democracia mostrando-se consolidada através de todas as crises, o desenvolvimento econômico mal ocorre desde os anos 80. Os países de desenvolvimento médio, com a exceção de alguns países asiáticos, vêem a distância que os separa dos países ricos aumentar ao invés de diminuir, e não sabem como explicar o que ocorre. Sabem apenas que seus governos aceitaram sem muita resistência os sábios conselhos e as devidas pressões vindas do Norte. Finalmente, temos os países pobres, principalmente na África. No pós-guerra, procuraram montar Estados planejados e se perderam no estatismo e na corrupção; a partir dos anos 80, subordinaram-se às instituições internacionais, mas só lograram se endividar e se mantêm estagnados e imersos na armadilha da pobreza. Suas elites buscam organizar-se politicamente, mas não surpreende que estejam mais confusas que as dos países mais avançados.

Na América Latina, o processo de democratização, que ganhara impulso a partir do fim da guerra, foi interrompido ainda nos anos 60, com a instauração, nos quadros da Guerra Fria, de regimes militares apoiados pelos Estados Unidos; só a partir dos

Prefácio à 3ª edição   21

anos 80 sociedades como a brasileira e a argentina, cujo desenvolvimento social e político já não comportava regimes autoritários, logram restabelecer a democracia. Nesta década, porém, o processo de desenvolvimento desses países e, mais amplamente, dos países de desenvolvimento médio, perde alento, ao passo que as formas imperiais em relação à periferia do mundo capitalista, que pareciam haver sido condenadas para sempre com o fim das colônias, ressurgiram de maneira aberta ou disfarçada, usando o poder de pressão das grandes potências e agências internacionais, como o Banco Mundial e o Fundo Monetário Internacional. O instrumento de dominação agora é o globalismo — ideologia gêmea do neoliberalismo —, que interpreta a globalização como um sistema no qual as nações perderam relevância. Desta forma, busca-se retirar dos países de desenvolvimento médio, como o Brasil, seu instrumento por excelência de ação coletiva, enquanto os próprios países ricos o conservam ciosamente. Quando parecem não fazê-lo, como acontece com os países europeus, é porque estes estão construindo um estado nacional europeu. A todos os países em desenvolvimento, inclusive os mais pobres, o centro desenvolvido impõe ou tenta impor o caminho único (ou *"straightjacket"*, na expressão precisa de um dos ideólogos do sistema), que tem o condão de inviabilizar a formulação em cada país de uma estratégia nacional de desenvolvimento. Escapam apenas alguns países asiáticos que, conscientes de seu interesse nacional, mostraram-se capazes de escolher eles próprios a sua via de desenvolvimento capitalista.

Nos anos 90, a revolução neoliberal parecia vitoriosa em toda parte. As revoluções utópicas dos anos 60 haviam buscado o "homem novo", valores qualitativamente novos, a simplicidade de vida, a liberdade radical, a criatividade artística. A revolução neoliberal também buscou a revolução cultural, mas foi além, pois criou, ou re-criou, um novo homem, egoísta, narcisista, competitivo, atrofiado no pensamento e na sensibilidade. No plano econômico, o pensamento único neoliberal tem agora receitas claras para os países em desenvolvimento. Além da abertura comercial, que em muitos casos era necessária, logram agora impor a esses países uma política que será também para eles um fato novo, com graves conseqüências: a abertura das contas financeiras. A nova ordem, agora, consiste em crescer com poupança externa, disputando investimentos e financiamentos estrangeiros.[21] O fracasso dessa estratégia, entretanto, logo se fez sentir, primeiro com as crises financeiras no México (1994), na Ásia (1997), na Rússia (1998), no Brasil (1999) e na Argentina (2001). Segundo, pelo simples fato de que, quanto mais um país adota o "*straightjacket*", ou seja, adota as recomendações que vêm de Washington e Nova York, menos se desenvolve. Os países dinâmicos da Ásia, que continuam (Taiwan, Coréia, Malásia) ou passam a implantar o sistema capitalista de forma independente a partir dos anos 80 (China principalmente), são os únicos que se desenvolvem.

O novo radicalismo liberal não se limitou a ter conseqüências negativas sobre as taxas de crescimento econômico e a aprofundar a concentração de renda nos países em desenvolvimento. Também nos países ricos, seus excessos foram desastrosos. Tome-se, por exemplo, a área dos medicamentos. A privatização da pesquisa científica nessa área, e a sua transformação em mera fonte de lucro, caminhou a passos largos. Segundo informa o professor da Escola de Medicina da Universidade de Harvard, John Abramson, antes de 1980 a maior parte das pesquisas clínicas era financiada com fundo público. A partir do governo Reagan, porém, o

---

[21] Venho fazendo a crítica sistemática da estratégia de crescimento com poupança externa (que denomino de Segundo Consenso de Washington) desde 2001. Essa crítica está hoje para o desenvolvimento da América Latina e, em geral, dos países em desenvolvimento, exceto os países dinâmicos da Ásia, como estava nos anos 40 e 50 a crítica da lei das vantagens comparativas do comércio internacional. Ver Luiz Carlos Bresser-Pereira, "O Segundo Consenso de Washington e a quase-estagnação da economia brasileira", *Revista de Economia Política*, 23 (3) 2003, pp. 3-34, e Luiz Carlos Bresser-Pereira, "Brazil's Quasi-Stagnation and the Growth *cum* Foreign Savings Strategy", *International Journal of Political Economy*, 32 (4) 2004, pp. 76-102.

Prefácio à 3ª edição

quadro muda: os recursos para a pesquisa científica na área são reduzidos, e os pesquisadores são obrigados a solicitar recursos das empresas, ou então trabalhar nelas. No início dos anos 90, 70% das pesquisas eram patrocinadas pelas empresas, mas 80% delas continuavam a ser realizadas nas universidades. Em 2000, esse número havia sido reduzido para 35%. Qual a conseqüência? O professor não tem dúvida: "o conhecimento médico-científico foi transformado em propriedade comercial, cuja função é dar dinheiro aos patrocinadores, não a nossa saúde".[22] Para se ter uma idéia do retrocesso ocorrido na área — retrocesso não da própria pesquisa, que continuou a avançar, mas da forma de financiá-la e de distribuir seus frutos —, basta lembrar que o dr. Albert Sabin, quando inventou a vacina contra a poliomielite, nos anos 50, o fez com fundos públicos, e jamais passou por sua cabeça que poderia ficar rico com isso, ou que aos pobres poderia ser negada sua vacina porque laboratórios monopolistas cobravam preços absurdos.[23] Um tema que o livro aborda é o da captura crescente da agência reguladora de medicamentos dos Estados Unidos, a Federal Drugs Administration, pelas empresas farmacêuticas, ao aprovar medicamentos que pouco depois se revelam condenáveis. Aqui temos um típico paradoxo do neoliberalismo. Nos anos 70, um notável economista liberal da Universidade de Chicago, George Stigler, verificou que as agências reguladoras, nos Estados Unidos, eram com freqüência capturadas pelas empresas reguladas, e ofereceu, como solução, a desregulação ge-

---

[22] Entrevista à *Folha de S. Paulo*, 3/1/2005. O livro é *The Broken Promise of American Medicine*, de John Abramson, Nova York, HarperCollins Publishers, 2004.

[23] Com esta crítica não estou desqualificando o sistema de propriedade intelectual na área dos medicamentos, porque conheço seus efeitos positivos em termos de incentivo à inovação. Estou apenas afirmando que a redução dos recursos públicos e sua substituição por privados foi um erro. E entendo que o tempo de duração das patentes nessa área deveria ser reduzido sempre que houvesse, na pesquisa, participação de fundos públicos.

neralizada para que o mercado realizasse seu papel regulador.[24] Em seguida, começa a onda neoliberal, que, além da desregulação, demanda a privatização. Ora, a proposta de desregulação era irrealista, já que os mercados em diversos setores são muito imperfeitos, não tendo a menor condição de auto-regulação. A privatização, porém, principalmente de serviços públicos monopolistas, não era aplicável aos Estados Unidos, onde esses serviços já estavam em boa parte privatizados, mas a outros países, principalmente nos em desenvolvimento, onde foi amplamente praticada. Enquanto a privatização de setores competitivos era correta, a privatização de monopólios ou quase-monopólios naturais era pelo menos discutível. Em conseqüência, aumentou-se, ao invés de se diminuir, a necessidade de regulação, sem, naturalmente, que se resolvesse o problema da captura das agências reguladoras. Pelo contrário, em certos casos, como no da FDA, houve um claro aumento dessa captura, na medida em que os interesses das empresas aumentavam porque passavam a responder pela maior parte dos custos da pesquisa. Temos, assim, na área da saúde, uma situação paradoxal. Nunca a medicina foi tão avançada, nunca se produziram medicamentos tão sofisticados, mas como seu consumo passou a ser determinado cada vez mais pelas necessidades mercadológicas das empresas, mais se consumiram medicamentos desnecessários.

OS DOIS ENSAIOS

Que fatos explicam a onda individualista e conservadora? Por que a ordem se sobrepôs à justiça a ponto de a própria segurança se tornar ameaçada? E por que o interesse próprio dominou sobre o espírito cívico e republicano com tanta clareza? Po-

---

[24] George J. Stigler, "The Theory of Economic Regulation" em *The Citizen and the State*, Chicago, Chicago University Press, 1975 [1971].

Prefácio à 3ª edição

deríamos explicar o novo individualismo e o novo conservadorismo apenas como um movimento cíclico endógeno. À revolução segue sempre a contra-revolução. Os homens buscam a liberdade e a justiça, mas sabem que a ordem é necessária e voltam a ela sempre que é ameaçada. Poderíamos, assim, explicar por que os estudantes voltaram a estar muito mais preocupados com suas carreiras pessoais do que com os grandes valores dos quais, por um instante, se tornaram portadores. Ou por que a Igreja, depois de um João XXIII e da transição representada por Paulo VI, voltou-se para o passado com João Paulo II. O movimento contra-revolucionário, porém, não se limitou a restabelecer a ordem — o objetivo básico que distingue todos os movimentos conservadores. Foi além. O processo de distribuição de renda, de aumento da mobilidade social e de garantia dos direitos sociais, que vinha ocorrendo em grande parte do mundo desde 1945, paralisou-se. A sociedade tornou-se objetivamente mais injusta. Para compreender as causas mais profundas desta contra-revolução, será preciso buscar os fatos históricos novos que causaram a mudança.

Nos dois ensaios sobre as revoluções utópicas dos anos 60 são analisados os fatos novos que explicam aquelas transformações. Eles estão relacionados com o fim da Segunda Guerra Mundial, a aceleração das taxas de desenvolvimento econômico e a transição para a democracia em um grande número de países. Ou, mais precisamente, estão relacionados com as esperanças a que esses fatos deram origem. A partir dos anos 70, porém, começa a contra-revolução, porque as taxas de lucro e de crescimento econômico caem dramaticamente nessa década, obrigando o sistema capitalista a descobrir formas para reduzir os salários e restabelecer aquelas taxas que são condição de sua sobrevivência. O neoliberalismo será a resposta ideológica a nível interno que os países ricos usarão para esse fim. Porque surgem os "novos países industrializados", que passam a ameaçar o mundo rico com sua mão-de-obra barata, e o leva a terminar com a eventual generosidade que particularmente os Estados Unidos mostraram depois da guerra. O "globalismo" — a ideologia de que os estados nacionais perderam relevância devido à globalização — será a respectiva arma ideológica para conter a nova concorrência vinda do Sul.

Porque a grande crise da dívida externa enfraqueceu os países de desenvolvimento médio, tornando-os mais vulneráveis às novas ideologias vindas do centro. Porque o colapso da União Soviética e, portanto, do socialismo real, privou os homens de uma (última?) grande utopia. Porque os Estados Unidos tornaram-se a grande potência econômica, militar e ideológica do mundo, o que levou suas elites a suporem equivocadamente que haviam se tornado a potência hegemônica ou imperial, e que podiam e deviam repetir o comportamento de impérios do passado. Enfim, por um grande número de razões que este prefácio apenas aflora.

As duas revoluções utópicas dos anos 60, que examino neste livro, mostram que naquele tempo a esperança dominava o medo. A revolução estudantil, que teve seu auge no maio francês, na verdade esteve presente em todo o mundo, inclusive no Brasil. O aprofundamento do regime autoritário instalado em 1964 com o Ato Institucional nº 5, de dezembro de 1968, foi em grande parte uma reação dos militares aos movimentos sociais libertários nos quais os estudantes brasileiros tiveram uma atuação central. Hoje já existe uma vasta literatura sobre esse evento a respeito do qual escrevi no calor dos acontecimentos. Poucos duvidam que tenha sido um momento decisivo na história do século XX. Entretanto, quando escrevi este ensaio, supunha que a revolução estudantil seria um começo, quando, afinal, se mostrou o auge e o fim de uma época.[25] Seu exagero, sua falta de objetivos claros, seu caráter anárquico facilitaram a reação conservadora. A razão principal desta reação não foi, naturalmente, a revolução estudantil, mas um fenômeno mais profundo: a queda da taxa de lucro nos países desenvolvidos e particularmente nos Estados Unidos nos anos 70, como conseqüência da combinação de pressões sa-

---

[25] Márcio Moreira Alves observou com agudeza esse fato no seu livro *68 mudou o mundo*, Rio de Janeiro, Nova Fronteira, 1993.

Prefácio à 3ª edição   27

lariais por parte dos sindicatos com o caráter crescentemente capital-intensivo ou capital-dispendioso do progresso técnico da época. A resposta neoliberal será essencialmente uma resposta a este fato, mas foi facilitada pelo caráter radicalmente utópico da revolução estudantil.

Diferente e mais complexo é o caso da revolução política da Igreja Católica. Neste ensaio, que considero um dos trabalhos mais importantes que escrevi, fiz uma análise política da modernização ou *aggiornamento* dessa Igreja. De um lado, como ex-aluno dos jesuítas e depois como antigo militante da Ação Católica, eu tinha um conhecimento vivido desse processo; de outro lado, como me afastara da Igreja e adotara uma perspectiva sociológica para a análise das religiões, tinha condições talvez ideais de fazer a análise razoavelmente objetiva de um processo novo. Minha análise, porém, não foi apenas sociológica nem procurou apenas entender a lógica da religião em geral, e da Igreja Católica em particular, no processo histórico. Não procurei examinar o "desencantamento do mundo" que Max Weber discutiu com tanta profundidade e amplitude em seus trabalhos de sociologia da religião. Procurei, particularmente, entender a Igreja do ponto de vista político, usando um método histórico e, portanto, sociológico. E talvez esteja aí sua maior originalidade. Como escrevi esse ensaio durante o ano de 1969, esse foi provavelmente o primeiro trabalho sociológico a detectar e analisar em profundidade a revolução política na Igreja Católica, iniciada pela reunião dos bispos latino-americanos de Medellín, em 1968. Quando me refiro a esse trabalho, muitas pessoas pensam que se trata de um ensaio sobre a teologia da libertação. Não é. O ensaio foi escrito dois anos antes que Gustavo Gutiérrez publicasse o seu livro fundador da teologia da libertação, em 1971. Na verdade, a proposta de Gutiérrez e de Leonardo Boff e tantos outros teólogos e adeptos da teologia da libertação, de construir uma Igreja Católica popular, pobre, profética e libertadora, foi conseqüência da revolução política propiciada pelo Concílio Vaticano II e desencadeada pela reunião de Medellín, que analisei em meu ensaio.

No ensaio sobre a revolução na Igreja, faço a análise de um aspecto do desencantamento do mundo — o político. Para Weber, esse desencantamento ou essa "desmagificação" do mundo é um resultado da tendência mais geral à racionalização do próprio mundo. Desencantamento que, como observa bem Antônio Flávio Pierucci, não é apenas o desencantamento operado pela ciência, pelo avanço da racionalidade científica, mas é também o desencantamento operado pela própria religião, por seus teólogos.[26] De fato, embora a religião cristã tenha muito mais elementos míticos e, portanto, não-racionais que o budismo, por exemplo, enquanto este, como as demais religiões orientais, não sofreu influência da filosofia grega e não foi objeto da racionalização interna, o cristianismo já começou sendo racionalizado por um cidadão romano, São Paulo, e alcançou ampla racionalização ainda no século IV, na obra de seu primeiro grande filósofo, Santo Agostinho, que buscou compatibilizar toda a filosofia de Platão com a fé cristã. Santo Agostinho rejeitou a tese fideísta, que subordinava a razão à fé, que rejeitava a filosofia grega com o argumento de que só o "absurdo" da fé pode levar à verdade. Não adotou, também, a tese racionalista (que no seu tempo sequer existia mas que se tornaria dominante na Igreja muito mais tarde, com Santo Tomás) de que há um núcleo racional no cristianismo que contém os elementos da fé cristã. Para Santo Tomás, a fé é deduzida da prova da existência de Deus. Agostinho não está preocupado com essas provas. Ele parte da fé e do pressuposto da possibilidade de uma ciência de Deus. A verdadeira filosofia está na articulação de fé e razão. Sua teoria do "círculo hermenêutico" é muito clara: "creio para entender, e entendo para crer". Há aí um processo de auto-reforçamento entre a fé e a razão. A alma, quando se libertar do corpo, verá Deus, a visão pura da verdade, a teoria. Não precisará mais da fé. Logo, com-

---

[26] Antônio Flávio Pierucci, *O desencantamento do mundo*, São Paulo, Editora 34, 2003, pp. 42 e 219.

bina a fé com o entendimento. A verdade última é ver Deus. Em suas palavras: "A inteligência é fruto da fé. Não procures, portanto, entender para crer, mas crê para entender: porque, se não creres, não entenderás".[27] Dessa forma começava o desencantamento do mundo a partir da própria religião, que depois Santo Tomás, apoiado não em Platão mas em Aristóteles, fará avançar.

Um desencantamento que, no ensaio, eu analiso do ponto de vista político, a partir da reconciliação da Igreja com o mundo moderno e com as demais igrejas, especialmente as protestantes, que vai ser operada a partir de pensadores como Teilhard de Chardin, Jacques Maritain, Emmanuel Mounier; e da ação de sacerdotes, freiras e leigos, através de movimentos como a Ação Católica e o dos padres operários, e que culmina com a revolução teológica e litúrgica promovida pelo Concílio Vaticano II, de João XXIII, seguida pela revolução política dos bispos latino-americanos, que fariam a opção preferencial pelos pobres.

Como, então, explicar o refluxo conservador que se opera já a partir de meados dos anos 70? Basta explicar o fato pelo processo mais amplo de reação conservadora que tomará conta de todo o mundo a partir de então? Ou será preciso encontrar uma razão mais específica, relacionada com a própria Igreja Católica? Em geral, o processo de secularização e racionalização continuou a atingir todas as religiões, não levando a humanidade ao ateísmo, como os racionalistas imaginaram, mas produzindo dois resultados: a diminuição do elemento puramente ritual e mítico de cada religião, que é a própria racionalização, e a transformação da religião, que deixa de ser um fenômeno eminentemente público e político para se tornar um problema pessoal; que cessa de ser uma relação da sociedade e do Estado com Deus para se transformar em uma relação de cada indivíduo com a divindade. As diversas igrejas, entretanto, sofreram de forma diferente o impacto da racionalização e da perda de relevância política da reli-

---

[27] Santo Agostinho, *Comentário ao Evangelho de São João*, §26.9.

gião. Enquanto a Igreja Católica e as igrejas protestantes tradicionais perdiam fiéis e viam a crise das vocações se aprofundar, as novas igrejas pentecostais, neopentecostais e correlatas, que resistem fortemente à modernidade e exigem dos fiéis um cumprimento estrito de normas envolvendo sacrifício pessoal, progrediam de forma acelerada.[28] Depreende-se desses fatos que não há uma relação direta entre modernização e capacidade de atrair fiéis. Esse era um pressuposto de meu ensaio dos anos 60 que, afinal, se revelou uma meia-verdade — uma tese verdadeira na medida em que todas as religiões não têm alternativa senão se adaptar ao mundo moderno; uma tese falsa, tendo em vista que essa adaptação pode tirar da religião o elemento mítico e as promessas de recompensa divina em vida e depois da morte que as religiões mais tradicionais, ou mais estritas, garantem. Existe, portanto, um processo contraditório entre a racionalização e as religiões: de um lado é preciso modernizar-se para manter uma parte dos fiéis (os fiéis modernos); de outro, é preciso recusar a racionalização e ficar com o dogma e com a regra moral rígida para atender uma outra parte dos fiéis (os fiéis tradicionais). As grandes igrejas, inclusive a Católica, resolvem em parte esse problema abrindo espaço em seu seio para muitas orientações morais e teológicas, que vão, no plano teológico, do dogma ou da fé à razão, e, no plano moral, do liberal ao estrito. Mas essa solução não parece suficiente. Nos anos 50 e 60, a Igreja Católica estava se inclinando para a modernidade e o liberalismo moral porque ima-

---

[28] Enquanto as igrejas protestantes tradicionais, de baixa tensão, perdiam cerca de um terço de seus fiéis nos Estados Unidos entre 1960 e 1990, as pentecostais dobravam e as Assembléias de Deus triplicavam seus aderentes. Já na Igreja Católica, sobre a qual não disponho de dados sobre fiéis, temos, entre 1965 e 1995, um declínio do número de vocações (padres, freiras e seminaristas) nos países desenvolvidos de mais de 50%. Ver Rodney Stark e Roger Finke, *Acts of Faith*, Berkeley, University of California Press, 2000, pp. 152 e 170. No Brasil, o decréscimo do número de católicos e o aumento das seitas pentecostais e carismáticas não cessa de ocorrer. No último censo, apenas 75% da população se declarava católica.

Prefácio à 3ª edição   31

ginou que, assim, poderia enfrentar melhor a concorrência das igrejas pentecostais e carismáticas. A estratégia, entretanto, verificou-se equivocada, e, a partir de meados dos anos 70, começou uma guinada para o dogma e a moral estrita. Stark e Finke, sociólogos das religiões que analisaram o problema a partir de uma perspectiva que denominaram "econômica", desenvolveram a tese de que as religiões podem envolver uma maior ou menor "tensão" da parte dos fiéis. Quanto mais uma pessoa supuser que Deus está presente e é responsivo, quanto mais acreditar em seres sobrenaturais, milagres, e salvação, maior será sua tensão religiosa. As igrejas, por sua vez, que exigirem sacrifícios de seus fiéis, que forem estritas no plano moral e dogmáticas no teológico, estarão oferecendo e exigindo um serviço religioso de alta tensão, mas, em compensação, estarão oferecendo recompensas maiores. Já as igrejas altamente racionalizadas, que transformam Deus em um ser abstrato e longínquo, têm pouco a oferecer em termos de recompensa. As igrejas antigas, como a Católica e as igrejas protestantes tradicionais, tendem a ser igrejas de baixa tensão, que facilmente perdem fiéis, enquanto as novas igrejas, que ofertam uma religião de alta tensão religiosa, conquistam assim os fiéis que estão dispostos a fazer sacrifícios em troca de recompensas religiosas.[29] Na verdade, essa tese tem pouco de "econômica", apesar das metáforas de oferta e demanda que utiliza. É, entretanto, uma tese sociológica que explica em parte a contradição que as igrejas enfrentam entre a necessidade e o perigo de se modernizar. No limite, ela nos ajuda a compreender os fundamentalismos existentes em todas as religiões, ou seja, as resistências radicais à modernização. O conceito de fundamentalismo foi usado originalmente para explicar a resistência à modernização de seitas protestantes nos Estados Unidos, no final do século XIX. Mas a teoria de Stark e Finke nos ajuda a entender

---

[29] Stark e Finke, *op. cit.*, pp. 146-7. Ver também Massimo Introvigne, *Fondamentalismi*, Casale Monferrato, Edizioni Piemmi, 2004.

processos religiosos que estão longe do fundamentalismo mas são conservadores, como a guinada em direção ao dogma e à moral estrita sofrida pela Igreja Católica nos últimos trinta anos. Como em tudo o mais, também as igrejas enfrentam processos cíclicos. Se um primeiro segredo para o êxito e longevidade da Igreja Católica foi sua capacidade de auto-racionalização, e um segundo segredo foi sua capacidade crescente de abrigar correntes diversas, um terceiro parece ter sido o de saber recuar quando necessário.

Para terminar, uma nota sobre os dois ensaios e sua publicação. Escrevi "A revolução estudantil" e "A revolução política na Igreja" respectivamente em 1968 e 1969. Comecei a escrever o primeiro ensaio em fevereiro daquele ano, quando li uma série de reportagens de Arnaldo Pedroso d'Horta sobre a movimentação estudantil que então se iniciava, e terminei de escrevê-lo em agosto. Os eventos de maio de 1968, portanto, aconteceram enquanto eu o escrevia. Um editor de São Paulo interessou-se em publicar o ensaio como um pequeno livro, mas naquele momento os bispos latino-americanos, reunidos em Medellín, iniciavam uma outra grande mudança, desta vez de caráter mais político do que litúrgico. Decidi então escrever um ensaio também sobre este tema. Além da própria importância do tema, minha condição de ex-participante da Juventude Universitária Católica foi certamente importante para que tomasse essa decisão. Disse ao editor que voltaria em três meses, mas só voltei um ano depois, no final de 1969. Nesse ínterim, como uma reação aos movimentos libertários que também no Brasil se manifestavam com intensidade, os militares reforçaram o regime autoritário com o Ato Institucional nº 5, e o editor considerou mais prudente suspender a idéia de publicação do livro. Mais de um ano após, Rose Marie Muraro, que naquele momento era a editora da Vozes, soube da existência dos originais e interessou-se em publicá-los. Naquele momento, porém, eu estava retomando a idéia do surgimento da classe tecnoburocrática e condicionei a publicação do livro à inclusão de um terceiro ensaio, "A emergência da tecnoburocracia". Os três ensaios formaram o livro *Tecnoburocracia e contestação* (Vozes,

Prefácio à 3ª edição

33

1972).[30] Depois de esgotado o livro, quando a Vozes se mostrou interessada em reeditá-lo, pareceu-me mais acertado do ponto de vista editorial juntar o ensaio sobre a tecnoburocracia aos demais trabalhos que estava então escrevendo sobre o tema, publicá-los em um outro livro,[31] e voltar à idéia original de um volume apenas sobre as revoluções utópicas. Assim, em 1978, foi publicada a segunda edição destes ensaios, sem qualquer alteração, e agora o mesmo acontece, havendo apenas a adição deste prefácio. O ensaio sobre a revolução estudantil tem a qualidade, salientada recentemente por Olgária Mattos, de haver sido escrito em cima dos acontecimentos.[32] Em contrapartida, sofre de um certo entusiasmo com que vi os acontecimentos. Já o ensaio sobre a revolução política da Igreja Católica é um trabalho que tomou mais tempo e exigiu uma ampla pesquisa bibliográfica. Mas há nele também a paixão de quem, de alguma forma, quer acertar suas contas com uma instituição que foi importante na sua vida. E creio ter sido a primeira análise sociológica da grande transformação política por que passou a Igreja no mundo e particularmente na América Latina no final dos anos 60. É importante assinalar que foi escrito antes de que surgisse a teologia da libertação. Mais adiante, a revolução estudantil simplesmente desapareceria. Já em relação à Igreja, embora ela voltasse a se tornar conservadora, na América Latina, sobreviveram manifestações importantes de sua grande revolução dos anos 60, expressas principalmente no compromisso de muitos católicos com os pobres.

---

[30] Foi um equívoco do ponto de vista editorial, já que o novo ensaio relacionava-se pouco com as duas revoluções, mas que se explica pela dificuldade que eu tinha então de publicar meus trabalhos.

[31] *A sociedade estatal e a tecnoburocracia*, São Paulo, Editora Brasiliense, 1981.

[32] Olgária Mattos, "Revolução dos anos 60", em Yoshiaki Nakano, José Marcio Rego e Lilian Furquim, *Em busca do novo*, Rio de Janeiro, Editora da Fundação Getúlio Vargas, 2004, pp. 297-312.

Parte I
A REVOLUÇÃO ESTUDANTIL

"A revolução que começa transformará não apenas a sociedade capitalista, como a civilização industrial."

Estudantes, Paris, 1968

"Vocês sabem que eu considero a oposição estudantil como um dos elementos decisivos do mundo atual; não uma força imediatamente revolucionária, como me têm repetidamente contestado, mas um fator entre aqueles que poderiam um dia, mais facilmente, transformarse numa força revolucionária."

Herbert Marcuse

I.
A REVOLUÇÃO DO NOSSO TEMPO

A partir de meados dos anos 60 o mundo passou a assistir, entre surpreso e atônito, à revolução estudantil. Anteriormente, a participação ativa do estudante na política era uma característica dos países subdesenvolvidos. No Brasil, na Venezuela, na Indonésia, em países desse nível de desenvolvimento, os estudantes podiam ser considerados uma força política ponderável. Faziam greves, passeatas, distribuíam manifestos. Constituíam-se, enfim, em um grupo de pressão relativamente respeitável. No Brasil, por exemplo, antes de 1964, os estudantes, através de seus órgãos oficiais de representação, principalmente a UNE, estavam no centro do processo político brasileiro. Muito mais do que os operários ou os camponeses, os estudantes organizavam-se para protestar contra a ordem estabelecida. E não foi por acaso que o grupo mais severamente reprimido, depois da revolução de 1964, tenha sido o dos estudantes.

Recentemente, porém, o problema estudantil universalizou-se e ganhou profundidade. Deixou de ser um problema típico dos países subdesenvolvidos capitalistas para estender-se a todos os países, independentemente de grau de desenvolvimento ou de regime político. Revoltas estudantis espoucaram em países tão diferentes como os Estados Unidos ou a China, a Polônia ou a Bolívia. As manchetes dos jornais passaram a ser dominadas pela revolução estudantil. Certo dia, em uma mesma manchete, lia-se: "Revolta de estudantes na Polônia, Alemanha, Bolívia e Itália". O protesto dos estudantes ganhava intensidade e violência. De uma hora para outra milhares de estudantes, até então conside-

A revolução estudantil

rados pacíficos, levantavam-se em rebelião. E a greve já não era mais sua arma preferida. Ao invés, passaram a adotar táticas muito mais efetivas e violentas, que incluíam passeatas, tomadas das universidades, uso de barricadas nas ruas.

E é claro que a revolta estudantil se propagava através do exemplo. Curiosamente, os dois países em que ela primeiro se manifestou estavam em pólos opostos sob todos os sentidos: os Estados Unidos e a China. Nesta, a Revolução Cultural lançada por Mao Tsé-Tung teve como principais atores os estudantes, os guardas-vermelhos. E em pouco tempo os guardas-vermelhos escaparam ao controle de Mao. Passaram a agir por conta própria. Nos Estados Unidos, cujos estudantes caracterizavam-se especialmente pela apatia política, tivemos de súbito, principalmente na Universidade de Berkeley, na Califórnia, um impressionante levante estudantil. Depois desses dois exemplos, em países-chave do mundo contemporâneo, a rebelião estudantil propagou-se para a Itália, Inglaterra, Alemanha, Espanha, Argentina e França, nesta última alcançando uma intensidade e violência acima de todas as expectativas, constituindo-se, sem dúvida, na maior crise política por que passou a França desde a subida ao poder de De Gaulle, em 1958.

Qual o sentido deste movimento estudantil que sacode o mundo? Qual sua profundidade? Trata-se de uma mera revolta ou de uma revolução? Seus objetivos são limitados à reforma universitária ou englobam toda a sociedade? E, principalmente, quais são suas causas? Há fatos novos que podem dar um sentido diferente ao movimento estudantil? São estes problemas que pretendemos examinar de forma resumida e exploratória neste trabalho. Pretendemos, nestes termos, desenvolver um esquema de análise do problema que, se for válido como imaginamos ser, revestir-se-á de uma importância tal, que merecerá uma análise mais profunda.

A tese central deste ensaio é a de que a revolução política radical de nosso tempo é a revolução estudantil, ou melhor, é a revolução dos estudantes e dos intelectuais não-comprometidos.

São os estudantes e os intelectuais não-comprometidos o grupo revolucionário por excelência, o meio de cultura de onde poderão germinar a revolução política e a revolução de consciências contra a ordem tecnoburocrática em emergência. Não são mais os operários, como pretendia Marx no século XIX, a classe revolucionária. Não é mais do proletariado que se pode esperar a revolução. Esta, quando e se ocorrer, terá origem nos estudantes e nos intelectuais não-comprometidos. Admitimos que esta é uma tese discutível. Cremos, todavia, que existem boas razões para sustentá-la. Para isto será necessário verificarmos: a) por que a classe operária deixou de ser revolucionária; b) se o grupo estudantil tem objetivos revolucionários; c) quais os fatos novos (causas) que provocaram esta transformação; e finalmente d) se os estudantes têm uma ideologia capaz de orientar sua ação e poder para tornar efetiva a revolução.

A revolução estudantil 39

II.
OS EX-REVOLUCIONÁRIOS
E OS NOVOS REVOLUCIONÁRIOS

A primeira questão, portanto, é por que a classe operária deixou de ser revolucionária. Marx acreditava que do proletariado surgiria a revolução mundial. Embora Marx tenha carregado excessivamente as tintas, devemos admitir que o genial pensador alemão tinha razão. No século XIX e no começo do século XX, se havia uma classe potencialmente revolucionária, era ela a classe operária. As condições miseráveis em que vivia e trabalhava, a odiosa exploração de que era objeto, sua proletarização e massificação tornavam-na, naturalmente, a base de qualquer revolução.

Mas estas condições foram se modificando. A predição de Marx do empobrecimento crescente da classe operária não se concretizou. Pelo contrário, seu padrão de vida melhorou sensivelmente em todos os países que se industrializavam. Além disso, foram abertos e institucionalizados os canais de comunicação e conflito entre a classe operária e o regime. A regulamentação do direito de greve, a legislação trabalhista em geral, os sistemas de seguro social criados tiveram esse sentido, e acabaram de amortecer o espírito revolucionário da classe operária.

Hoje, em quase todos os países do mundo, a classe operária é uma classe acomodada. Conseguiu um padrão de vida razoável e está satisfeita com ele. A legislação trabalhista e o seguro social garantem-lhe a possibilidade de defesa de seus "direitos" e uma velhice tranqüila. Não há por que fazer a revolução. As greves limitam-se a exigir melhores condições de trabalho e melhores salários. E se não bastasse tudo isso, em um país como os Estados Unidos, devido aos progressos da automação e ao grande crescimento do setor terciário, o número de operários vem diminuindo não só em termos relativos, mas também absolutos. Sem dúvida, não é da classe operária que poderão surgir as revoluções dos nossos dias. Este fato tem ficado patente, inclusive em relação aos capítulos recentes da revolta estudantil. A classe operária tornou-se, na melhor das hipóteses, caudatária do movimento estudantil. Em Paris, em 1968, greves foram deflagradas como resultado das manifestações estudantis. Sem os estudantes não teriam ocorrido as greves. Em Madri, os estudantes centraram sua luta em torno de uma reivindicação que deveria ser tipicamente operária: a reivindicação de liberdade sindical. Em São Paulo, o 1º de maio de 1968 só teve alguma repercussão devido às manifestações estudantis, que mereceram a reprovação dos líderes sindicais. Entretanto, a prova mais patente de que podemos hoje nos referir aos operários como sendo os "ex-revolucionários" foi-nos dada pela seqüência dos acontecimentos relacionados com a revolta dos estudantes franceses em maio de 1968. Em um primeiro momento os sindicatos, perplexos, recusaram apoio aos estudantes. Em seguida, para não perder sua liderança, e visto que os estudantes dirigiam-se diretamente às bases operárias, os sindicatos decidiram participar. Greves e ocupações de fábricas sucederam-se. Paris assistiu às maiores manifestações de rua de sua história. Não há exagero nenhum em afirmar que a França esteve à beira da revolução e do caos. Neste momento, porém, os sindicatos retraíram-se. Recusaram-se a endossar as teses revolucionárias dos estudantes. Preferiram canalizar o protesto para a obtenção de melhores salários e condições de trabalho. Conforme noticiava *O Estado de S. Paulo*, em sua edição de 19 de maio, na primeira página:

"A CGT ao perceber as tendências de muitos líderes estudantis — alguns pregavam uma revolução total, pura e simples — afastou-se dos universitários e concentrou seus esforços numa série de reivindicações profissionais".

A revolução estudantil   41

Nesse mesmo dia, o correspondente na França desse mesmo jornal, Gilles Lapouge, escrevia:

"Mas o momento mais crítico parece ter sido superado. Houve o rompimento entre estudantes e trabalhadores sindicalizados... Surgiram os técnicos em sindicalismo e em dois tempos tomaram as decisões. Apropriaram o movimento dos operários jovens e inexperientes, garantindo-o e estruturando-o simultaneamente. Em seguida removeram tudo o que pudesse parecer aventura, separando os dois grupos a fim de que os trabalhadores não sofressem a influência dos jovens intelectuais da Sorbonne. Poderosos, inteligentes, bem organizados, eles, que são profissionais, em menos de 24 horas transformaram aquele fogo selvagem que queimava contra a sociedade num movimento menos perigoso no estilo tradicional e conhecido".

Em outras palavras, os operários, através de suas lideranças sindicais, não obstante dominadas por comunistas (como é o caso da CGT), transformaram-se não apenas em ex-revolucionários, mas no principal baluarte da ordem estabelecida. Quem evitou o agravamento da revolta estudantil, propagada para os meios operários, não foi a polícia, não foi o Exército, não foi o poder dos industriais, mas a ação dos sindicatos e do Partido Comunista Francês. O fato não deixa de ser paradoxal, mas a conclusão que se tira dele é clara: a revolução, seja de que tipo for, não virá da classe operária.

A afirmação pode parecer excessivamente radical. Os acontecimentos de maio de 1969 em Córdoba, na Argentina, por exemplo, poderiam ser lembrados como um eventual desmentido àquela hipótese. Realmente, aquela foi uma das únicas circunstâncias, nas últimas décadas, em que a classe operária, em qualquer parte do mundo, adotou posições revolucionárias ou pelo menos quase revolucionárias. A Argentina é, de fato, o único país da América Latina e um dos poucos países do mundo que possui uma classe operária politizada e bem organizada.

Entretanto, se examinarmos mais cuidadosamente os acontecimentos de maio de 1969 na Argentina, verificaremos que o papel dos estudantes foi então decisivo. Foram eles que iniciaram o movimento, contando inclusive com o apoio de ponderáveis setores da Igreja Católica (cujas transformações políticas revolucionárias, aliás, estudamos na segunda parte deste livro). Iniciado o movimento pelos estudantes, este, ao contrário do que acontecera na França um ano antes, obteve o decidido apoio dos operários, os quais, finalmente, assumiram sua liderança, transformando-o em uma luta operária contra o governo. Seria muito pouco provável, porém, que aquela manifestação política impressionante da classe operária argentina sequer houvesse ocorrido, não fossem os estudantes.

Sabemos que esta é a posição mais polêmica que estamos adotando neste ensaio. Os próprios estudantes geralmente não admitem a idéia de que a revolução possa ser realizada sem a participação da classe operária. Conforme observa o líder estudantil alemão Dutschke, a missão dos estudantes seria

> "despertar, por meio de uma dialética cada vez mais eficaz de esclarecimento e ação da massa, a espontaneidade das massas assalariadas aniquiladas pelos partidos".[1]

Os comunistas, especialmente, são dogmáticos a respeito. Pretendendo ser fiéis ao marxismo, afirmam que a revolução só poderá partir da classe operária. Um intelectual comunista inteligente e aberto, como Roger Garaudy, o qual, inclusive, causou grandes problemas para o seu próprio partido — o Partido Comunista Francês —, por haver adotado uma posição de crítica

---

[1] Rudi Dutschke, *Civilização Brasileira*, 19/20, mai-ago. 1968, p. 99.

radical ao imperialismo soviético na Tchecoslováquia, ainda não conseguiu desvencilhar-se deste dogma. Garaudy começa, por exemplo, sua análise da "significação das lutas estudantis e suas relações com as lutas operárias" com a seguinte frase:

"A partir da idéia fundamental de que a principal força revolucionária é a classe operária [...]".[2]

Este, portanto, é o pressuposto. A partir daí começa a discussão. Garaudy sabe muito bem que Marx escreveu sobre uma realidade econômica e social que não existe mais. Em um século o mundo mudou radicalmente. As análises marxistas da economia e da sociedade européia têm hoje valor principalmente histórico. Constituem ainda exemplo de aplicação do método do materialismo histórico, o qual — este sim — continua vivo e dotado de poderosa força explicativa do processo histórico da humanidade. Aplicado, porém, a uma realidade diversa, o método histórico marxista deverá produzir resultados diversos dos alcançados pelo próprio Marx. Embora Garaudy e a maioria dos comunistas e socialistas mais esclarecidos saibam de tudo isto, não têm coragem de denunciar a tese de que "da classe operária partirá a revolução", que "a classe operária inserida no processo de produção realizará a revolução que resolverá a contradição entre as forças produtivas em desenvolvimento e as relações de produção capitalistas".

Compreende-se esta falta de coragem e esta hesitação, embora todos os fatos estejam contradizendo a tese que deposita na classe operária a responsabilidade pela revolução. No momento em que esta tese for negada, toda a estratégia comunista terá que ser revista. Ou então será preciso admitir que os partidos comunistas não são mais revolucionários.

---

[2] Roger Garaudy, "A revolta dos estudantes franceses e a revolução", *Civilização Brasileira*, 19/20, mai-ago. 1968, p. 44.

Sartre comenta, de forma brilhante, a posição comunista a respeito da revolta estudantil. Embora o trecho seja um pouco longo, trancrevê-lo-emos na íntegra devido a sua importância. São inclusive antecipados diversos problemas sobre a ideologia estudantil que mais adiante trataremos neste livro. Diz ele:

"Outro dia, na Cidade Universitária, um comunista me disse: 'o movimento estudantil não é revolucionário porque: 1. ele não tem ideologia revolucionária; 2. ele nem sequer abalou o regime; 3. ele é de caráter anárquico porque toda vez que a burguesia se revolta vem o anarquismo; 4. só os operários podem fazer a revolução porque eles são os produtores'. O infeliz mal pôde falar, tantas foram as vaias, mas era preciso responder. Eu disse: se é preciso ter uma ideologia revolucionária para fazer a revolução, então só o Partido Comunista cubano poderia fazê-lo, não Fidel. Ora, este partido não só não a fez, como também se recusou a juntar-se à greve geral decretada num certo momento pelos estudantes e pela resistência das cidades. O que é admirável, nesse caso, é que a teoria nasceu da experiência, em vez de precedê-la. Mais tarde, sentindo talvez que seu movimento necessitava de bases teóricas, Fidel se aproximou do comunismo.

Façamos a transposição: nada indica que as pessoas que começam uma revolução na França devam ter, para vencer, uma doutrina pronta. Ao contrário, se os estudantes fracassaram, em parte foi porque o PC francês, com sua concepção fechada do marxismo e suas respostas para tudo — tiradas desse ou daquele texto de Lênin — freou seus movimentos.

Não é que os jovens revolucionários não tenham uma doutrina — eles têm até muitas, e bem diferentes, se bem que exijam todos mais ou menos o marxismo — mas eles admitem pôr as suas idéias à prova na ação. Todos se juntam em torno da idéia muito importante do 'poder duplo', que Cohn-Bendit lançou: 'Nós não poderemos ganhar se não se criar um segundo poder para enfrentar De Gaulle, e este poder só poderá repousar sobre a união dos estudantes e trabalhadores'. Não foi assim desta vez? Não é aos estudantes que se deve culpar.

Terceiro ponto da argumentação comunista: o movimento estudantil é anarquista porque representa uma revolta burguesa. Como explicar então a revolta dos estudantes tchecoslovacos e iugoslavos, que nasceram num regime socialista, e cuja maioria é filha de operários e camponeses? Que querem eles? A mesma coisa que os estudantes franceses, isto é, liberdade de crítica e de autodeterminação. O que os jovens revolucionários reclamam, burgueses ou não, não é a anarquia, mas exatamente a democracia, uma democracia socialista verdadeira que ainda não se conseguiu em nenhum lugar.

Último argumento enfim: só os operários podem fazer a revolução. Respondo que nenhum estudante politizado jamais disse outra coisa. Eles sempre repetiram: 'Nós podemos ser o detonador, mas a revolução será feita pela união das classes trabalhadora, operária e camponesa'. Para que eles sejam o detonador é preciso uma convergência entre as suas reivindicações e as dos trabalhadores. Dizer que os estudantes, como burgueses, só podem exprimir os interesses da sua classe, é dar provas de um marxismo estreitamente mecânico. Marx disse outra coisa quando explicou como os teóricos saídos da burguesia poderiam se transformar em aliados dos trabalhadores, porque seus problemas, como homens de cultura, sábios, membros de profissões liberais, eram igualmente problemas de alienação. Isto já era verdade na época de Marx, e é ainda hoje, quando os estudantes descobrem que são tratados como objetos durante seus anos de estudos, para serem depois tratados igualmente como objetos quando se transformam nos quadros. Eles compreendem que o seu trabalho lhes é roubado, assim como os operários, se bem que de uma outra maneira. Por isso os estudantes estão hoje muito mais próximos dos operários do que de seus pais".[3]

Nossa posição, todavia, não coincide inteiramente com a de Sartre, e dos próprios estudantes. Não acreditamos que esteja reservado aos estudantes o papel de simples detonador da revolução, nem que esta vá ser realizada pelos trabalhadores operários e camponeses. Nossa tese é a de que a liderança de uma eventual revolução caberá aos estudantes e intelectuais não-comprometidos com o processo de produção capitalista. Os trabalhadores poderão constituir-se em uma força auxiliar. Principalmente os camponeses. Secundariamente os operários. Estes estão excessivamente acomodados. Na verdade, sob muitos aspectos, sentem-se parte da ordem estabelecida, mais do que o setor por ela oprimida. Já têm muito a perder para tudo arriscar em uma revolução. Não estão mais no fim da escala social. Depois deles ainda temos os trabalhadores rurais, a população marginal das cidades.

Na verdade, sob certos aspectos, nas sociedades industriais modernas e muito diferentemente do que acontecia há um século atrás, os operários constituem uma elite dentro da classe baixa — uma elite organizada, tecnicamente capaz e detentora de um padrão de vida razoavelmente elevado e seguro. As contradições entre a sua posição no processo de produção e o da classe capitalista continuam a existir, mas não são tão dramáticas que os levem à revolução, a não ser em um ou outro caso extremo de inflexibilidade do sistema capitalista. De um modo geral, porém, o

---

[3] Jean-Paul Sartre, entrevista concedida ao *Nouvel Observateur*, publicada em *Civilização Brasileira*, 19/20, mai-ago. 1968, pp. 63-4.

A revolução estudantil

que se verificou por parte do capitalismo foi uma extrema flexibilidade e capacidade de adaptação, que roubaram à classe operária sua força revolucionária.

Nestas condições, uma revolução partindo da classe operária torna-se difícil. O fato novo, que abriu perspectivas de transformações revolucionárias no mundo, foi a emergência dos estudantes como grupo revolucionário. Entretanto, para a realização de uma revolução, o apoio não só da classe operária, mas também de outros grupos sócio-econômicos, será essencial. Não cremos, porém, que a participação ativa dos operários na revolução seja também essencial.

Poder-se-á então perguntar que revolução será essa, sem a participação ativa dos operários. Procuraremos responder a esta pergunta quando estudarmos a ideologia da revolução estudantil. Veremos então que, dentro de sua curiosa indefinição ou imprecisão ideológica, esta é uma revolução que não pode ser compreendida dentro dos esquemas políticos tradicionais. Ou revemos nossos esquemas com coragem, arriscando inclusive errar, ou jamais compreenderemos o que hoje está acontecendo no mundo. Antes de mais nada, deveremos lembrar que a revolução estudantil não será apenas contra o sistema capitalista. Também o socialismo burocrático soviético é alvo da contestação estudantil. E apenas este fato já nos obriga a reformular os velhos esquemas.

Devemos, todavia, fazer aqui uma ressalva: na medida em que uma revolução estudantil e de intelectuais não-comprometidos for eventualmente bem-sucedida sem o apoio das massas populares, ela estará correndo o grande risco de ser uma revolução elitista. E então todo o idealismo, todo o amor à justiça e à liberdade que caracterizam os jovens dificilmente serão suficientes para impedir graves desvios no processo revolucionário. Talvez seja por isso que os estudantes fazem em geral questão de afirmar que querem transformar o mundo com o apoio e a participação dos trabalhadores. Resta disso tudo, portanto, uma contradição: a clássica contradição entre desejos e realidades. Os grupos de esquerda desejariam que operários, trabalhadores rurais e camponeses fossem revolucionários. Transformam-nos, então, intelectualmente, em revolucionários. E passam a viver uma contradição intrínseca em sua ação política.

Também não é possível esperar revolução da classe dos camponeses e trabalhadores rurais. Nos países desenvolvidos, seu número é cada vez menor. E grande parte é constituída de pequenos proprietários conservadores, satisfeitos com o que têm. Nos países subdesenvolvidos, onde são numerosos e miseráveis, falta-lhes um mínimo de organização e de cultura para que possam levar a cabo qualquer revolução. Analfabetos, ou semi-analfabetos, espalhados pelas fazendas e vilarejos, não têm condições para revoltar-se em termos organizados e efetivos. Podem se constituir, sem dúvida, na grande base de manobra para uma revolução. Sob muitos aspectos, foi o que aconteceu na China, no Vietnã, em Cuba. O apoio dos camponeses foi importante para o êxito da revolução. Mas em nenhum desses países coube aos camponeses a liderança do movimento revolucionário. Esta ficou sempre sob o controle de um grupo de intelectuais de esquerda organizados politicamente.

Restam, portanto, os estudantes e intelectuais. Voltemos a eles. E a primeira pergunta a ser colocada é a seguinte: tem o protesto estudantil um sentido revolucionário de negação da ordem estabelecida?

Não pode haver dúvida a respeito: o que os estudantes hoje questionam não é o sistema universitário, não são as deficiências do ensino. Isto também é questionado. Mas os estudantes vão muito além. Todo o sistema em que vivem é negado. Os estudantes parisienses que tomaram a Sorbonne cobriram-na de cartazes em que afirmavam, por exemplo: "A revolução que começa transformará não apenas a sociedade capitalista, como a civilização industrial". Poder-se-á dizer que esta frase é utópica, idealista, mas ninguém poderá negar-lhe o significado que lhe é inerente. Da mesma forma, quando o líder estudantil alemão Rudi Dutschke bradava: "O nosso Vietnã está em Berlim! O nosso Saigon está em Berlim!"; ou quando os estudantes espanhóis faziam tremu-

A revolução estudantil   49

lar uma bandeira vermelha no topo da Universidade de Madri; ou ainda quando os estudantes poloneses partiam para as ruas exigindo liberdade, em todos esses momentos não é preciso ser muito perspicaz para compreender que os estudantes estão pondo em questão os próprios alicerces das sociedades em que vivem. As reivindicações relacionadas com a reforma universitária servem geralmente de estopim. Facilitam o processo de aglutinação dos menos radicais. Mas, num instante, sob a orientação das lideranças radicais, que encontram um ambiente propício para se tornarem efetivas, o escopo do protesto amplia-se. Toda a sociedade é denunciada. Nada fica de pé. O idealismo exacerbado dos jovens, colocado em contraste com a realidade do mundo contemporâneo, transforma-se em uma negação total da sociedade. Herbert Marcuse, o filósofo alemão radicado nos Estados Unidos, que vem exercendo uma ampla influência sobre os estudantes norte-americanos e europeus, declara, a respeito dos primeiros:

"A oposição da juventude norte-americana poderia assumir um sentido político. Esta oposição está liberta de ideologias, quando não vem assinalada por uma profunda desconfiança sem relação a quaisquer ideologias, inclusive a socialista; trata-se de uma rebelião sexual, moral, intelectual e política ao mesmo tempo. Nesse sentido ela é total, direta, contra o sistema em seu conjunto; traduz o desgosto em relação à sociedade afluente, a necessidade vital de infringir as regras de um jogo enganoso e cruel, de recusar-se a ele. Se essa juventude detesta o sistema da massa de mercadorias em contínuo aumento, é porque ela sabe quantos sacrifícios, quanta crueldade e estultícia intervêm quotidianamente na produção do sistema".[4]

---

[4] Herbert Marcuse, citado em Arnaldo Pedroso d'Horta, "Da escola à luta política", publicado em O Estado de S. Paulo, 24/3/1968.

Certamente Marcuse estenderia sua análise também aos estudantes europeus, depois de suas últimas manifestações. No mesmo sentido, afirma o professor Giorgio Spini, a respeito dos estudantes italianos:

"A meu ver, em muitos destes jovens, não há um desejo de liberdade animal, mas de liberdade moral, ou seja, uma profunda revolta contra as falsidades e hipocrisias do mundo moderno, e o temor de serem de qualquer modo contaminados por essa lepra".[5]

Finalmente, um último testemunho a respeito da amplitude do protesto estudantil. Depois da crise que abalou o campus de Berkeley, entre setembro e dezembro de 1964, foi apresentado um relatório oficial sobre os incidentes ao Conselho de Mantenedores da Universidade que afirmava:

"Concluímos que a razão básica da inquietação em Berkeley foi o desagrado de grande número de estudantes por muitos aspectos da sociedade em que estão em vias de entrar".[6]

A crítica do estudante tem portanto um sentido total: nega toda a sociedade, nos termos em que ela está hoje organizada. Dessa forma, o grupo estudantil tem um primeiro predicado para substituir-se aos operários como grupo revolucionário: ele tem objetivos revolucionários.

---

[5] Giorgio Spini, citado em "Duas gerações", artigo publicado em *O Estado de S. Paulo*, 12/5/1968.

[6] Citado em Pamela Mills, "Movimento estudantil nos Estados Unidos", revista *Paz e Terra*, n° 3, p. 133.

A revolução estudantil

III.
AS CAUSAS SUPERFICIAIS

Para que um movimento tenha sentido revolucionário, porém, não basta que seus objetivos o sejam. Muito mais importante é verificar se o protesto tem raízes profundas, se suas causas se inserem no processo histórico de forma que possamos, legitimamente, considerar, dentro de uma visão histórica ampla, os estudantes e os intelectuais não-comprometidos (o conceito e o papel dos intelectuais não-comprometidos serão analisados mais adiante) como substitutos da classe operária no papel de gérmen e meio de cultura revolucionário por excelência.

Em vista disso, é preciso, antes de mais nada, eliminar as falsas causas e as explicações superficiais. Temos, principalmente, dois tipos de explicação que merecem o título, uma de superficial e outra de simplesmente falsa.

Pretendem alguns que a revolta estudantil seja causada, fundamentalmente, pelas deficiências do sistema universitário. Nesses termos, a revolta seria causada por maus professores, pela burocratização da universidade, pelo sistema de cátedras, pela falta de instalações adequadas, de laboratórios e bibliotecas, pelo excessivo número de estudantes por classe, etc. Semelhante explicação é atrativa pela sua simplicidade. E tem a seu favor o fato de que as falhas realmente existem, e que são geralmente essas falhas que se constituem no estopim da revolta estudantil. Entretanto, a superficialidade da explicação é manifesta. As deficiências da universidade sempre existiram. Por que só agora causariam protestos? Por outro lado, como explicar todo aquele sentido revolucionário dos estudantes, seu desejo de transformar o mundo? Se fosse verdadeira essa explicação, as manifestações estudantis deveriam limitar-se a exigir a reforma universitária. Ora, já vimos que esta não é sequer a principal preocupação dos estudantes. Além disso, como explicar que, nos Estados Unidos, um dos focos da revolta estudantil, o movimento estudantil teve início e maior repercussão exatamente em uma das melhores universidades americanas, como é sem dúvida Berkeley? Na verdade, querer atribuir a crise estudantil às falhas da universidade é alienar-se da realidade. É confundir as causas reais da revolta estudantil com um pretexto das mesmas.

Não há dúvida de que se trata de um bom pretexto. Tanto assim que, via de regra, as manifestações estudantis começam com protestos contra as falhas da universidade. É natural que isso aconteça. O estudante começa por protestar contra aquilo que está mais próximo dele, que o atinge diretamente. Mas assim que, com base nesse pretexto, o movimento alcançou um mínimo de unidade e organização, ele extravasa do âmbito do pretexto que lhe deu origem e adquire suas verdadeiras dimensões, de protesto total. Naturalmente, além da reforma universitária, há outros pretextos, como a liberdade sexual, como aconteceu com os estudantes de Paris, que desejavam poder receber pessoas de outro sexo em seus dormitórios, ou com as estudantes de Berkeley, que protestavam porque a farmácia da universidade fora proibida de vender pílulas anticoncepcionais. Mas causas desta natureza têm seu caráter de pretexto e de explicação superficial ainda mais evidente.

De vício mais grave do que o de ser uma causa superficial (como é o caso das falhas da universidade) sofre a explicação corrente nos meios conservadores dos países ocidentais, segundo a qual a revolta estudantil seria fruto da infiltração comunista nos meios estudantis. Mais do que uma causa superficial, esta é uma causa falsa, é uma criação mental daquelas pessoas que sofrem de paranóia anticomunista e que acreditam que, de uma forma ou de outra, todos os problemas sociais do mundo são fruto de um complô internacional, com origem em Moscou ou em Pequim.

Depois da revolta de maio de 1968, na França, a falsidade desta explicação tornou-se tão evidente que não é necessário perdermos muito tempo com ela. Já vimos, quando falamos dos operários como sendo os ex-revolucionários, que foi exatamente o Partido Comunista Francês quem se transformou no baluarte da ordem estabelecida, ao desviar o sentido revolucionário da revolta estudantil, que começava a contagiar a classe operária, para meras reivindicações de maiores salários e melhores condições de trabalho. Conforme observou o *Economist*,

> "é significativo que os rebeldes de Nanterre tratam os comunistas como parte do *establishment*, como parte do consenso".[7]

De fato, o Partido Comunista Francês faz parte da ordem estabelecida, é um organismo aceito pela sociedade, foi institucionalizado, e, portanto, contribui para o consenso político em que a sociedade francesa, aliás, como toda sociedade, está baseada. Seus objetivos podem continuar a ser considerados revolucionários na medida em que pretendem mudar as bases econômicas e sociais do regime, mas seus métodos não são mais revolucionários. E é importante observar que este fenômeno não é peculiar apenas ao comunismo francês. Em todos os países do mundo esse acomodamento do comunismo oficial é patente. No Brasil, de há muito o Partido Comunista deixou de ser uma organização efetivamente revolucionária.

Não cabe, no âmbito deste trabalho, discutir as causas deste fenômeno. Basta dizer que, provavelmente, este acomodamento tem origem, de um lado, na institucionalização dos partidos comunistas, a que nos referimos há pouco, e de outro, no fato de os partidos comunistas continuarem, ainda, em sua grande maioria, a ser meras projeções da política de Moscou. Ora, tornou-se

---

[7] Citado em O *Estado de S. Paulo*, 26/5/1968.

claro nos últimos anos que a revolução comunista internacional não interessa aos objetivos nacionais da União Soviética, na medida em que a luta por essa revolução pode pôr em risco a segurança da própria União Soviética.

Se não podemos, portanto, atribuir a revolta estudantil às "maquinações do comunismo internacional", podemos, ainda assim, atribuir essas revoltas à organização dos grupos estudantis radicais de esquerda. Esta explicação é mais plausível, e devemos admitir que há uma certa base para ela. De fato, o que se vem observando nos diversos países ocidentais, inclusive no Brasil, é a formação de pequenos grupos revolucionários de esquerda, de base católica e/ou marxista, que adotam posições políticas muito mais radicais do que as do comunismo oficial. Estes grupos vêm conseguindo, muitas vezes, tomar as lideranças do movimento estudantil. E não há dúvida que, quando esse movimento se transforma em rebelião, a liderança desses pequenos grupos radicais se manifesta.

Entretanto, pretender dar como causa final da revolta estudantil a existência desses grupos, é novamente uma explicação superficial. Esses grupos são mais um sintoma do que uma causa da revolta estudantil. Eles surgem naturalmente, em todo o mundo, porque há um ambiente propício para sua ação. E conseguem, depois, liderar os movimentos, exatamente na medida em que esse ambiente propício, esse clima de revolta geral e anárquica, está presente nos seus colegas. Seria absurdo imaginar que todas as revoltas estudantis que vêm abalando o mundo sejam fruto de pequenos grupos ativistas radicais. Esses grupos, sem dúvida, participam da revolta, procuram orientá-la sempre que possível. Mas só conseguem algum êxito em seu esforço na medida em que a revolta não é, realmente, uma expressão apenas deles, mas da grande maioria.

Alguém, contudo, poderia objetar: mas não seriam esses grupos radicais organizados internacionalmente? Admitimos, sem dúvida, que haja contatos internacionais entre estudantes. Mas daí concluir que a revolta estudantil resulta de uma organização internacional subversiva é algo que repugna ao bom senso. Além dos argumentos já apresentados, poderíamos perguntar como se explicam, nesses termos, as revoltas estudantis da Polônia ou da Tchecoslováquia. Na verdade, atribuir simplesmente a revolta estudantil ao trabalho subversivo de organizações radicais de esquerda é cair no vício do personalismo. É esquecer que existem causas estruturais, básicas, das quais esses grupos são simples manifestações.

IV.
AS CONDIÇÕES DA REVOLTA ESTUDANTIL

Da mesma forma que é preciso distinguir as causas falsas ou superficiais das causas reais da revolta estudantil, é preciso discernir, entre as causas reais, as causas permanentes, que preferimos chamar de condições da revolta estudantil, das causas atuantes, das causas novas, que efetivamente deram à revolta estudantil seu sentido e sua amplitude atual.

Por condições da revolta estudantil entendemos uma série de características da classe estudantil ou do mundo em que vivemos que, de uma forma ou de outra, sempre existiram, ou, pelo menos, existiram nos últimos séculos. Nesses termos, não podem ser consideradas causas atuantes da revolta estudantil dos anos 60 do século XX. Entretanto, se essas características não existissem, certamente não poderíamos pensar em uma rebelião estudantil como a que estamos assistindo. Por isso as chamamos de condições da revolta estudantil.

A primeira e mais importante condição da revolta estudantil é o descomprometimento do estudante com as estruturas econômicas e políticas vigentes e o resultante idealismo com o qual ele pode ver os problemas sociais do mundo. Todo homem possui anseios de liberdade e justiça. No entanto, é na juventude que esses ideais são mais poderosos. Depois, quando cada um sai da universidade e se vê na contingência de enfrentar a vida prática, trabalhar, sustentar sua família, progredir em sua carreira, esses ideais começam a perder sua força. O jovem é obrigado a toda sorte de compromissos, de concessões. Esses compromissos e concessões vão sendo racionalizados, justificados. A isto se soma um crescente ceticismo, uma crescente descrença na possibilidade de alcançar os ideais da juventude, e de repente verificamos que o revolucionário descomprometimento da juventude transformou-se no conservador comprometido da maturidade.

Esse descomprometimento e conseqüente idealismo da juventude é um fenômeno tão profundo e universal, que muita gente tem visto nele a causa principal da revolta estudantil dos nossos dias. Na verdade, sem ele não poderia haver essa revolta, mas como ele sempre existiu, não constitui uma explicação suficiente para esse fenômeno histórico que iria manifestar-se apenas na segunda metade do século XX.

A mesma análise pode ser feita em relação ao outro ângulo da questão, ou seja, à existência de injustiça, falta de liberdade e de igualdade no mundo. É claro que a revolta estudantil não poderia ocorrer se o mundo de hoje não fosse caracterizado, exatamente, pela injustiça, pela desigualdade econômica, pelos preconceitos de raça e religião, pela miséria de uns e pela abundância de outros, pelo materialismo vulgar que transforma a posse dos bens materiais em objetivos finais, pelas guerras desumanas e irracionais, pela prevalência de motivações individuais e nacionais baseadas no prestígio e no poder, em detrimento de outras motivações eventualmente mais legítimas, como a auto-realização, as necessidades de amor e cooperação, etc. Poderíamos continuar, indefinidamente, a enumeração dessas misérias. Se elas não existissem, não se poderia falar em revolta estudantil, porque não haveria contra que revoltar-se. Mas, da mesma forma que no caso do idealismo e descomprometimento dos jovens, essas misérias e injustiças sempre existiram. Em alguns casos, talvez sob formas diferentes. Mas o certo é que não constituem novidade sob a face da terra. Sua simples existência, portanto, é também uma condição de revolta estudantil, mas não uma causa atuante da mesma. Pessoalmente, inclusive, participamos da corrente que acredita no progresso da humanidade. Embora os progressos sejam lentos, acreditamos que o homem vai, aos poucos, criando um mundo mais humano, em que os ideais de liberdade, bem-estar e igualdade de oportunidade vão se firmando. Mesmo, porém, que isto não seja verdade, o inverso certamente também não é aceitável. De forma que não é necessário entrarmos nesta discussão sobre a possibilidade do progresso para concluirmos que a existência de injustiça no mundo não é uma causa atuante, mas apenas uma condição indispensável da revolta estudantil.

V.
AS CAUSAS HISTÓRICAS

Para definirmos as causas profundas e atuantes da revolta estudantil, será necessário verificarmos se existem fatos novos, pertencentes à história recente, dos últimos trinta ou quarenta anos, que nos permitam explicar essa revolta e sua crescente importância política. Só a existência de fatos novos e realmente significativos que tenham afetado ou venham afetando de forma profunda o desenvolvimento histórico moderno podem oferecer uma explicação satisfatória para a revolta estudantil. Ou melhor, só fatos novos, com essas características, podem justificar que se atribua à revolta estudantil um significado maior do que a simples baderna, do que a conhecida "estudantada".

Ora, a posição que tomamos a respeito é radical. Nossa hipótese é a de que a revolução de nosso tempo é estudantil. Que o movimento estudantil alcançou em quase todo o mundo, e concomitantemente, uma dimensão revolucionária nova, que o torna o principal gérmen das transformações políticas e sociais que estão por acontecer. E nossa posição é essa exatamente porque vemos na história recente alguns fatos novos altamente significativos que se transformaram nas causas básicas da revolta estudantil.

Esses fatos novos estão todos interligados dentro da ampla perspectiva histórica em que estamos nos colocando. Em primeiro lugar temos a revolução na educação, que teve início no começo do século XX e ganhou decisivo impulso nos anos 30 e 40. Falamos aqui de educação em seu sentido mais amplo e básico — educação na família e na escola primária e secundária —, na educação que vai influenciar mais profundamente a formação da personalidade do jovem universitário. O século XX vem assistindo a uma revolução neste campo. Começou com o trabalho de alguns pioneiros, educadores e psicólogos, que já no começo do século desenvolveram suas idéias novas. Particularmente após a Segunda Guerra Mundial, porém, o problema saiu do âmbito da pura discussão acadêmica para o da divulgação, inclusive jornalística, e, em seguida ou concomitantemente, para a prática nas escolas e nas famílias.

Este tema é fascinante. Já foi objeto de livros e livros, e sê-lo-á ainda no futuro. Para nós, que não somos especialistas na matéria, cabe apenas, no âmbito deste trabalho, definir as linhas básicas desta revolução na educação a que estamos nos referindo, e verificar quais as suas implicações políticas, especialmente no que diz respeito à transformação do estudante em um poder revolucionário.

Em um nível de abstração bastante elevado, de forma a ficarmos apenas com as características essenciais desta transformação, podemos dizer que a revolução na educação do século XX tem por fundamento a crítica da educação tradicional, que era baseada na autoridade (do pai ou do mestre) e na disciplina, e a proposta de um novo sistema de educação, baseado na responsabilidade e na liberdade (da criança e do jovem).

A revolução da educação, portanto, substituiu autoridade por responsabilidade, disciplina por liberdade. A. S. Neill, cuja experiência educacional em Summerhill tornou-se célebre em todo o mundo, resume em algumas palavras o sentido dessa revolução na educação:

> "Durante muitos anos eu havia lecionado em escolas comuns. Conhecia bastante a outra fórmula. Sabia que era inteiramente errada. Errada por se basear em uma concepção adulta do que a criança deveria ser e de como a criança deveria aprender. A outra fórmula datava dos dias em que a psicologia ainda era ciência desconhecida.

Bem: resolvemos fazer uma escola na qual daríamos às crianças a liberdade de serem elas próprias. Para fazer isso tivemos que renunciar inteiramente à disciplina, à direção, à sugestão, ao treinamento moral e à instrução religiosa... A função da criança é viver sua própria vida, não a vida que seus pais, angustiados, pensam que elas devem levar, nem a que está de acordo com os propósitos de um educador que imagina saber o melhor. Toda interferência e orientação por parte dos adultos só produz uma geração de robôs".[8]

A posição de Neill é radical. Não pretendemos que a revolução na educação, na prática, tenha alcançado esta profundidade. Mas esse radicalismo mostra bem o conflito com o sistema tradicional de educação que está contido nos conceitos modernos de educação.

Esta nova concepção de educação foi proposta por psicólogos e educadores em nome do aperfeiçoamento da educação. Entendendo a educação como um processo integrado de formação da personalidade, foi-lhes fácil concluir que a educação tradicional estava errada, que não era possível basear a educação na disciplina férrea, mantida à força de ameaças, palmadas e palmatórias. Muito mais racional, e certamente muito mais capaz de dar resultados, seria uma educação que partisse do respeito pela personalidade da criança, de forma que esta, usando de sua liberdade com responsabilidade, participasse ativa e criadoramente de sua própria educação. Além da força racional de seus argumentos, porém, a nova educação tinha a seu favor o fato de que encontrava um ambiente favorável no processo de desintegração da família patriarcal e de todos os seus sistemas de poder tradicional a que o mundo vem assistindo, desde a Revolução Industrial.

---

[8] A. S. Neill, *Liberdade sem medo (Summerhill)*, São Paulo, Ibrasa, 1967 (1ª ed. em inglês, 1960), pp. 4 e 11.

Este é um fenômeno por demais conhecido, de forma que não nos estenderemos a seu respeito. É sabido que, à medida que a tecnologia moderna, introduzida através da industrialização, toma conta de uma sociedade tradicional, ocorre um processo racionalizador, em que o poder patriarcal e, de um modo geral, todos os tipos de poder tradicionais, perdem substância. O racionalismo da sociedade industrial é essencialmente desmitificador. Destrói qualquer poder que não tenha base racional. Além disso, toda a estrutura econômica e social em que estava baseado o poder tradicional do pai (e, por delegação deste, do mestre) se desintegra, agravando ainda mais a crise do poder tradicional do pai.

A revolução da educação encontrava, portanto, não só argumentos teóricos válidos, mas também um ambiente favorável, na dissolução da família patriarcal. O resultado é que foi rapidamente divulgada. Não ficou apenas na teoria; em alguns anos transformou-se em prática. Já nos anos 40 era comum lermos nos jornais e nas revistas populares artigos e reportagens sobre a nova educação, sobre os novos métodos de educar os filhos com base na responsabilidade e no treinamento independente. Essa educação devia ser integrada, compreendendo inclusive a educação sexual. E surgiam as "receitas caseiras" do tipo: não transformar a criança em "saco de pancada"; não frustrá-la desnecessariamente; quando for preciso dizer não à criança, explicar por quê; não mentir para ela; não subestimá-la; não estimular fantasias etc. Esse receituário simples e lógico, difundido por todos os meios de comunicação em massa, inclusive pela televisão no pós-guerra, vulgarizado, tinha necessariamente que influenciar a educação ministrada por pais e mestres. Especialmente da classe média para cima, não creio que tenha havido, depois do pós-guerra, um pai ou professor que não tenha sido objeto da pregação dos novos educadores. Além disso, em um campo mais restrito, mas que tende a se estender cada vez mais, começaram a surgir as "escolas experimentais", desde o nível das escolas maternais até o ginásio e o colégio. Nessas escolas, professores treinados no método Montessori e em outros métodos na mesma linha de idéias, revolucionavam a educação de forma mais científica e delibera-da, obtendo de seus alunos uma participação no processo educacional muito mais ativa.

Os estudantes que hoje chegam à universidade — significativamente o único estágio do ensino que praticamente não foi atingido por essa revolução na educação — são fruto dessa revolução educacional (primeiro fato novo) somada a esse processo de desintegração do poder patriarcal (segundo fato novo).[9] As conseqüências desses dois fatos novos sobre os jovens são evidentes. O estudante, educado nestas novas bases, é muito mais livre em relação a seus pais e mestres. Formado em um clima de liberdade e independência que, embora ainda decididamente incompleto e mal formulado, já contrasta profundamente com o clima de disciplina e opressão que os homens hoje com mais de trinta ou quarenta anos em geral conheceram, este novo estudante possui uma visão do mundo própria e uma liberdade de ação muito maior.

A compreensão incompleta e geralmente deformada da nova educação que costuma caracterizar a posição de pais e mestres não contradiz nossa tese. Pelo contrário, fortalece-a. Muitas vezes pais e mestres oferecem apenas uma falsa ou uma meia liberdade, substituindo, por exemplo, a ameaça pela manipulação e a exploração sentimental. Este tipo de hipocrisia, porém, tem o efeito de apenas transformar a liberdade dos jovens mais rapidamente em revolta, já que não há mais condições objetivas para o exercício da autoridade tradicional.

Os valores dos pais e mestres só são aceitos pelos filhos e alunos depois de passarem pelo crivo de sua crítica, geralmente

---

[9] Deve-se abreviar que a desintegração do poder patriarcal não é fenômeno tão novo. Na Inglaterra, a Revolução Industrial teve início há cerca de duzentos anos. Não obstante, creio ser válido afirmar que, nas sociedades européias altamente estruturadas em que a Revolução Industrial primeiro ocorreu, apenas no século XX o processo de dissolução do sistema patriarcal causado pela industrialização entrou em fase crítica.

tão impiedosa quanto é generoso o seu idealismo. Além disso, a dissolução da família tradicional torna os laços familiares menos fortes. Perdem inclusive grande parte de sua base econômica, conservando apenas seu sentido afetivo. O resultado importantíssimo, do ponto de vista político, desses dois fatores (independência do filho, dissolução da família patriarcal) é que a solidariedade de classe do filho é profundamente minada. O filho, fruto de uma educação mais livre e de uma família em que a autoridade do pai foi grandemente diminuída, reduz grandemente sua identificação política com a classe social da família.

Não se trata, evidentemente, de um rompimento total. Isto seria impossível. Os condicionamentos de classe são muito profundos para serem inteiramente rompidos. Essa redução da identificação de classe pode ser, inclusive, provisória. Passado o período estudantil ela poderá voltar. Mas, enquanto o estudante ainda não está comprometido com o seu trabalho e com a família que ele vai constituir, sua independência em relação aos interesses e valores de sua classe é incomparavelmente maior do que a do estudante de há alguns anos atrás, ainda educado segundo a fórmula tradicional, e pertencente a uma família em que os componentes patriarcais ainda subsistiam. Esta independência em relação à sua classe pode ser menos pronunciada em aspectos menores, como o dos hábitos de consumo, a forma de se vestir, ou menos racionalizados, como a moral sexual ou o conjunto de crenças morais sobre as relações familiares.

No setor político-econômico, porém, é mais fácil para o jovem perceber o caráter subalterno e egoísta das posições de sua própria classe social, seja ela a pequena, a média ou a alta burguesia (sabemos que existe também um número crescente de estudantes universitários provenientes da classe operária; examinaremos o problema mais adiante). No setor político, a discussão é aberta, a crítica à estrutura vigente, seja ela qual for (inclusive capitalista ou socialista), é constante; alternativas, ainda que imprecisas, são oferecidas ao jovem. Facilmente o estudante percebe as contradições existentes entre certos valores gerais que lhe são ensinados — liberdade, justiça, igualdade, bem-estar para todos — e racionalizações políticas realizadas em torno desses valores por sua própria classe social. E daí surge a revolta. O estudante, porém, não perceberia tão facilmente essas contradições, nem teria condições de reagir contra elas como vem fazendo, não fosse a revolução na educação e a desintegração da família patriarcal.

Além dessas duas causas básicas da revolta estudantil, uma terceira (e portanto um terceiro fato novo, dentro dessa perspectiva histórica em que estamos nos colocando) deve ser citada: a crise do racionalismo em que a civilização ocidental se acha mergulhada, desde aproximadamente o começo do século XX. Podemos mesmo dizer que a grande crise do mundo moderno é a crise da racionalidade.

Seremos também extremamente breves na análise deste problema, que tem sido o centro de todo pensamento filosófico do século XX. Em síntese, o que se pode afirmar a respeito é o seguinte. Até a Renascença, a civilização ocidental teve a tradição e a religião como pontos de referência básicos para seus valores e crenças fundamentais. Todo comportamento individual e social era pautado pela tradição e pela religião. As normas tradicionais de comportamento eram sacralizadas pela religião, a qual também tinha como função controlar o desconhecido, o mistério, explicando-o em termos de crença religiosa. Em um mundo deste tipo era possível constituir-se um sistema de valores e crenças integrados e coerentes. A partir da Renascença a religião e a tradição entraram em crise. Uma nova deusa, porém, surgia, para substituí-las e transformar-se no critério básico de todo comportamento: a razão. O mundo moderno, a partir de Descartes, Bacon, Galileu, define-se como o mundo do racionalismo, o mundo da crença na razão e na ciência. As primeiras manifestações ocorrem nos séculos XVI e XVII, e no século XVIII ele tem seu grande momento com o Iluminismo e a Revolução Francesa. No século XIX alcança o auge, com o enorme desenvolvimento da ciência, que produz a crença de tudo resolver e tudo conhecer através da própria ciência. O positivismo é uma excelente ilustração desse ponto de vista. Dentro desse quadro, também, era possível conceber-se um sistema de valores e crenças relativamente integrado e corrente, segundo os princípios do racionalismo.

A partir do século XX, porém, percebeu-se que aquela crença absoluta na razão era ingênua, excessivamente otimista. E a partir desse momento o racionalismo entrou em crise, crise esta que caracterizaria todo o mundo contemporâneo. Conforme observa Fritz Pappenheim,

"a parte do mundo conhecida como civilização ocidental está sofrendo há muito tempo de uma crise interna. A atual inclinação para o niilismo nada mais é que uma nova expressão do espírito de dúvida que se seguiu à predominância da crença — crença na grandeza do homem, na ilimitação do progresso e na soberania da razão — característica dos séculos XVIII e XIX".[10]

Na verdade, usando de um nível de abstração bastante elevado, cremos ser correto afirmar que, no campo das idéias filosóficas, a característica essencial do século XX é a crise do racionalismo, a decadência da crença absoluta na razão. O existencialismo, que é sem dúvida uma das correntes filosóficas mais expressivas deste século, é um fruto evidente dessa crise. O racionalismo caracterizava-se, em geral, pela separação entre o sujeito e o objeto. O existencialismo insurge-se contra esse isolamento em que o homem foi colocado pelo racionalismo, que o transformou em uma espécie de mecanismo abstrato com capacidade de conhecer. Em lugar dessa visão simplista, o existencialismo toma o homem em sua totalidade, não como uma essência abstrata ("homem é um animal racional"), mas como um ser que, apesar de todas as suas limitações, define-se pela sua liberdade e pela res-

---

[10] Fritz Pappenheim, *Alienação do homem moderno* (tradução de *The Alienation of Modern Man*), São Paulo, Brasiliense, 1967, p. 1.

ponsabilidade dela decorrente. Essa responsabilidade, essa obrigação de ser livre, entra em conflito com o fato de que o homem está alienado da realidade, é um sujeito separado do objeto, não tem mais uma "verdade" satisfatória. E o resultado desse conflito é a angústia, característica central da filosofia existencialista e do homem alienado dos nossos dias, que perdeu, inicialmente, a crença em Deus e na tradição, e em seguida na razão.

Muitos fatores contribuíram para esta crise. No campo das idéias, inicialmente Marx e depois Freud assestaram golpes decisivos no racionalismo. Ambos nasceram sob a égide do racionalismo e suas obras estão profundamente marcadas por ele. Marx, porém, foi o responsável por um primeiro e decisivo rombo na estrutura racionalista ao demonstrar o condicionamento histórico de todo pensamento, a dependência que os valores e as crenças, inclusive as crenças científicas, mantêm em relação ao momento histórico, ao estágio do desenvolvimento tecnológico e às relações de produção existentes. Freud, ao mostrar o caráter racionalizador, ao invés de racional, do comportamento humano, procurando justificar suas ações e suas "verdades" em função de seu subconsciente, completou a crítica marxista, dando-lhe uma nova dimensão.

Além de ataques desse tipo, o racionalismo também sofria, paradoxalmente, devido ao próprio desenvolvimento das ciências. Estas, e especialmente as ciências físico-matemáticas, continuavam a experimentar êxitos espetaculares. À medida que esses êxitos ocorriam, porém, duas coisas ficavam patentes. Por um lado, quanto mais se conhecia, mais se verificava quão pouco era esse conhecimento. Por outro lado, o extraordinário desenvolvimento de ciências como a física ou a biologia não ajudava, a não ser muito indiretamente, a resolver os problemas sociais e pessoais dos homens. Era natural, pois, que aquela crença ingênua, messiânica, na razão, entrasse em crise.

No campo dos fatos, porém, talvez mais do que no das idéias, o racionalismo sofria duros golpes. Depois de dois séculos de império do racionalismo, a irracionalidade das guerras, dos preconceitos, da desigualdade, da miséria, continuava em plena ordem do dia. Em outras palavras, o mundo permanecia irracional. A crença em uma lei e uma ordem natural, de base racional, que fora uma das bases do racionalismo e de sua expressão política mais típica, o liberalismo, caíam por terra. Tornava-se assim difícil, em um mundo ilógico, manter incólume a crença no racionalismo.

Esta crise do racionalismo não se limitou, naturalmente, a atingir uns poucos filósofos e intelectuais. Estes, naturalmente, foram mais diretamente atingidos. Além disso, apenas eles foram capazes de identificá-la e verbalizá-la. A crise, porém, atingiu a todos. E o homem moderno é tipicamente fruto desta crise. Seus valores e crenças não têm mais a segurança e a firmeza de quem tinha a tradição, a religião ou a razão como bases. Vivemos em um mundo de dúvida. Não se trata, porém, da dúvida cartesiana que, afinal, não passava de um expediente para negar a tradição e a religião como fontes de conhecimento e substituí-las pela razão, que sanaria todas as dúvidas. A dúvida do nosso tempo é muito mais profunda e angustiante. É a dúvida sobre a própria razão, sobre a existência de uma verdade fora de nós. O homem contemporâneo está sempre pronto para criticar e negar. Afirmar, porém, ele o faz com imensa dificuldade, com enormes ressalvas, com constantes pontos de interrogação. Nenhum valor é tranqüilo, pacífico. Nenhuma crença é certa. Não há mais critérios absolutos para guiar o homem. A arte moderna, desde a pintura abstrata e a *pop art* até o teatro do absurdo e o cinema godardiano, reflete bem este estado de espírito.

O reflexo desta crise sobre a revolta estudantil é claro. Pais e mestres perderam a oportunidade de transmitir sua mensagem aos filhos e discípulos não apenas devido à revolução na educação no sentido da independência e da responsabilidade (primeiro fato histórico novo), e à desintegração da família e da sociedade tradicional, dentro da qual a autoridade possuía bases sólidas (segundo fato histórico novo), mas também porque, em face à crise do racionalismo (terceiro fato histórico novo), eles não têm mais uma mensagem precisa e definida a transmitir. E assim a confusão e a dúvida dos mais velhos, que não conseguem mais estruturar de forma aceitável para eles mesmos suas idéias a respeito do mundo e muito menos logram justificar esse mundo perante os jovens — vêm reforçar a independência e a revolta estudantil.

O quarto fato novo, da maior importância, que propomos como causa da revolta estudantil, é o extraordinário crescimento do número de estudantes ocorrido no pós-guerra e conseqüente massificação da classe estudantil. Tem-se falado muito, nos últimos anos, no problema da explosão populacional. Esta explosão de fato vem ocorrendo, à medida que diminui rapidamente a taxa de mortalidade, sem que a taxa de natalidade decresça proporcionalmente. Mais violenta, porém, do que a explosão populacional vem sendo o que, por analogia, poderíamos chamar de explosão estudantil. Este crescimento extraordinário do número de estudantes secundários e principalmente universitários — que são os que mais nos interessam neste estudo, embora o estudante secundário, do ciclo colegial pelo menos, não deva ser excluído — foi sem dúvida causado em parte pelo crescimento mais rápido da população.

A explosão estudantil, porém, ocorreu em um ritmo muito mais rápido do que a taxa de crescimento da população. O grande desenvolvimento tecnológico por que tem passado o mundo determinou uma procura muito maior de pessoal com educação superior pelas empresas. Estas, também por imposição do progresso tecnológico, perdiam suas feições tradicionais e familiares, e se abriam para administradores e técnicos de alto nível. Dessa forma, por parte das empresas, não só o desenvolvimento técnico tornava necessário um número crescente de pessoas com nível superior, como também estas se abriam aos técnicos, se burocratizavam e profissionalizavam à medida que cresciam. Por outro lado, por parte das famílias e dos próprios jovens, ficava cada vez mais evidente que a via de mobilidade social por excelência para um jovem era a educação superior. Em um mundo altamente técnico não era mais possível, via de regra, ter êxito sem uma educação superior. Finalmente, por parte dos governos verificava-se um crescente apoio ao desenvolvimento da educação à medida que se percebia a extrema importância desta para o desenvolvimento econômico. Desta forma, verificou-se em todo o mundo, especialmente a partir do fim da Segunda Guerra Mundial, uma conjugação de interesses das famílias, das empresas e dos governos no sentido de desenvolver numericamente a educação superior. E o resultado foi esse extraordinário crescimento da população estudantil e particularmente universitária.

Esta explosão estudantil é por demais evidente para exigir comprovação. Nos Estados Unidos, atualmente, mais de 40% dos jovens passam pela universidade. No Brasil temos assistido a um enorme crescimento numérico do ensino superior, não obstante a taxa de crescimento do número de vagas ainda seja insuficiente, bem inferior à da maioria dos países. Em 1935, existiam no Brasil 27.501 estudantes universitários; em 1965, já contávamos com 155.781 universitários. Em trinta anos, portanto, a população universitária brasileira aumentou em quase seis vezes, contra um crescimento da população, nesse mesmo período, de aproximadamente duas vezes.

Na França, onde a revolta estudantil alcançou um grau de violência inusitado, havia, em 1945, 123 mil estudantes universitários; hoje há 514 mil. O crescimento, portanto, foi de mais de quatro vezes. No mesmo período a população francesa crescia apenas de 40 para 50 milhões de habitantes. Nos Estados Unidos, o número de universitários passou de 1,4 milhões em 1940 para 3,6 milhões em 1960. Para 1970 prevê-se uma população universitária de 7 milhões.

As conseqüências desta explosão estudantil em relação à revolta estudantil foram duas. De um lado, o simples aumento numérico dos estudantes lhes aumentou o poder, lhes deu mais potencial revolucionário. Por ocasião da revolta estudantil de maio de 1968 na França, era comum lermos nos jornais que 20 mil estudantes haviam realizado uma passeata ou levantado barricadas. E houve algumas manifestações com um número de par-

A revolução estudantil

ticipantes muito maior. Por outro lado, esta explosão estudantil implicou em um processo de massificação do estudante, especialmente na medida em que o diálogo com os mestres tornava-se não apenas difícil (como sempre fora), mas agora materialmente inviável. E não há dúvida de que a deficiência de comunicação vinha agravar de forma decisiva o conflito já existente.

Entre as conseqüências do crescimento extraordinário da população estudantil poderia ser acrescentado (além do aumento do poder e da supressão do diálogo) o fato de que um número cada vez maior de estudantes procede das classes operárias. De fato isto vem ocorrendo, embora a classe média continue a ser de longe a classe majoritária entre os universitários. Não obstante, alguns analistas têm pretendido atribuir a revolta estudantil a este fato. Não compartilhamos desse ponto de vista. Já examinamos o processo de aburguesamento da classe operária. Dificilmente um operário que tenha conseguido colocar um filho na universidade será um revoltado. Pelo contrário, provavelmente será em média muito mais conservador do que um intelectual ou mesmo um profissional liberal que naturalmente também tem seu filho na universidade. Além disso, já examinamos o processo de relativa perda de identificação de classe que vem ocorrendo com os jovens de hoje. Não há, portanto, razão para tentarmos explicar a revolta estudantil em termos de eventual origem operária dos líderes estudantis. Ao que tudo indica, é exatamente o contrário que vem ocorrendo. Analisando a revolta dos estudantes da Universidade de Colúmbia, observa Nan Robertson, de *The New York Times*:

> "Os ativistas são em geral brilhantes, predominando os judeus, geralmente procedentes de famílias influentes e de boa situação financeira, residentes nas grandes cidades ou na costa leste. A maioria freqüenta cursos de Humanidades. Seus pais são da época da grande depressão da década dos 30 e sofreram muita insegurança quanto a dinheiro e possibilidades de tra-

balho, sendo alguns reduzidos à indigência. Muitos deles são atualmente bem-sucedidos em suas profissões ou campos de criação. São pais condescendentes, com tendências políticas liberais ou esquerdistas".[11]

Pretender, portanto, explicar a revolta estudantil em termos do aumento do número de estudantes de origem operária não é aceitável. A massificação, esta sim, é uma causa da revolta estudantil, na medida em que aumentou o poder dos estudantes e dificultou ainda mais o possível diálogo entre os jovens e "os que têm mais do que trinta anos". E, embora a massificação esteja relacionada com esse maior número de estudantes provenientes das classes inferiores, já vimos que não só a classe operária perdeu quase totalmente seu vírus revolucionário, como também tudo indica que os movimentos estudantis são controlados por estudantes provenientes da classe média.

A título de hipótese, arriscaria mesmo dizer que estes estudantes originam-se principalmente da classe média superior. Os líderes estudantis de Colúmbia seriam pois uma boa amostra do tipo de líder estudantil que vem abalando o mundo e ganhando as manchetes dos jornais. Esta hipótese nos parece boa, especialmente porque é tipicamente em famílias da classe média superior — cujos pais são em geral profissionais liberais, professores, altos funcionários públicos, artistas bem-sucedidos — que encontramos o tipo de educação e de valores anteriormente discutidos, que propiciam a revolta estudantil.

Finalmente, temos um quinto e último fato histórico novo que listamos entre as causas atuantes e profundas da revolta estudantil: o extraordinário desenvolvimento tecnológico ocorrido nos últimos anos. Na verdade, o desenvolvimento tecnológico começou a ganhar momento no mundo a partir da Revolução Industrial. Mas esse desenvolvimento foi ocorrendo em propor-

---

[11] Citado em *O Estado de S. Paulo*, 13/6/1968.

ção geométrica, de forma que o volume ou a densidade de desenvolvimento tecnológico que ocorreu ou se acumulou nos últimos trinta ou quarenta anos é estritamente espantoso. Por isso podemos considerar o desenvolvimento tecnológico também como um fato novo. Desde que possa ser considerado uma causa da revolução estudantil, será portanto uma causa atuante dessa revolta.

Como esse desenvolvimento tecnológico impressionante se relaciona com a revolta estudantil? Da maneira mais direta possível. Na verdade, podemos afirmar que é tal a importância do desenvolvimento tecnológico como causa da revolta estudantil que, a rigor, poderia ser considerada a única causa. As demais causas anteriormente examinadas — a revolução na educação, a deterioração da família patriarcal, a crise do racionalismo e a massificação do estudante — são obviamente conseqüências diretas ou indiretas do desenvolvimento tecnológico. Citamo-las separadamente para que não ficássemos em um tal nível de abstração, que acabássemos não descrevendo e analisando de forma adequada o quadro da revolução estudantil.

Além de causa básica das causas anteriormente citadas, porém, o desenvolvimento tecnológico constituiu-se em causa direta da revolta estudantil na medida em que foi o responsável pelo surgimento da sociedade industrial moderna. Ora, como veremos mais adiante, a sociedade industrial moderna — e não o capitalismo ou o comunismo — é que será o objeto da crítica e da revolta estudantil. Deixamos, portanto, para mais adiante, quando examinarmos a ideologia da revolta estudantil, a análise das conseqüências do desenvolvimento tecnológico em termos de surgimento da sociedade industrial moderna. Veremos então, com mais clareza, como esse espantoso desenvolvimento tecnológico por que vem passando o mundo está no cerne da revolta estudantil e a faz ganhar em profundidade e significação.

Em resumo, depois de examinarmos o sentido eminentemente revolucionário da revolta estudantil, em contraste com o acomodamento dos operários, que chamamos de ex-revolucionários, vimos as causas falsas ou superficiais, as causas permanentes e as causas profundas e atuantes da revolta estudantil. Entre as causas falsas ou superficiais citamos as deficiências da estrutura universitária, a infiltração comunista, o aumento do número de estudantes provenientes da classe operária. Entre as causas permanentes ou condições da revolta estudantil, salientamos o idealismo do jovem, possível por ele ainda não estar comprometido com a estrutura vigente, seja ela qual for, e o fato de que o mundo continua a ser caracterizado mais pelas injustiças do que pela justiça, mais pela falta de liberdade ou pela falsa liberdade, do que pela liberdade, mais pela desigualdade do que pela igualdade de oportunidade, mais pela miséria do que pela abundância. Estas, porém, são causas permanentes ou condições da revolta estudantil, porque sempre existiram, enquanto que a revolta estudantil é um fenômeno recente. Examinamos então os fatos novos que propomos serem as causas atuantes e profundas da revolta estudantil: a revolução na educação, a desintegração da família patriarcal, a crise do racionalismo, a massificação estudantil e o desenvolvimento tecnológico em escala geométrica.

Essas causas, além de se constituírem em fatos novos, relativamente recentes na história universal, possuem uma profundidade, dizem respeito às próprias bases estruturais da sociedade em que vivemos, de forma que dão à revolta estudantil uma significação extraordinária. Em face às suas causas, a revolta estudantil ganha assim todo o seu sentido. Justifica-se que a denominemos a "revolução de nosso tempo".

Cabe agora perguntar: qual o sentido dessa revolução? E qual a sua viabilidade? É apenas um gérmen revolucionário ou poderá realmente ganhar vigência, transformar-se em revolução de fato? Tentaremos, inicialmente, responder à primeira pergunta.

A revolução estudantil

VI.
A IDEOLOGIA REVOLUCIONÁRIA

Seremos breves em examinar este problema por dois motivos. De um lado, porque esse aspecto já foi mais exaustivamente discutido por um sem-número de analistas, e de outro, porque já examinamos no início deste trabalho o sentido fundamental da revolta estudantil: é eminentemente revolucionária, nega a sociedade industrial moderna de forma radical, não aceita nem seus valores nem suas instituições.

Arnaldo Pedroso d'Horta, que escreveu nas edições dominicais de *O Estado de S. Paulo* uma extraordinária série de artigos sobre a revolta estudantil, resumiu a posição ideológica dos estudantes nos seguintes termos:

"Quais são as idéias políticas de fundo, mais comuns aos diferentes grupos de agitação estudantil? Primeiro, uma posição crítica em relação à sociedade capitalista, à escravidão dos consumidores, à manipulação dos grupos sociais pelo poder econômico, a tudo o que, segundo Marcuse, reduz o homem a uma única dimensão. Em seguida, uma posição polêmica em relação aos partidos de esquerda, incapazes de encarar o capitalismo com olhos e instrumentos novos, presos a esquemas de oposição e de luta hoje esvaziados de qualquer significação. Em terceiro, uma acentuada concordância com a análise chinesa do revisionismo russo e reservas sobre o conceito de coexistência pacífica".[12]

---

[12] Arnaldo Pedroso d'Horta, "Da escola à luta política", *O Estado de S. Paulo*, 24/3/1968.

Esta análise salienta bem não só o caráter crítico radical da revolta estudantil, mas também sua total desconfiança em relação aos esquemas revolucionários institucionalizados, ou seja, os partidos de esquerda. Estes partidos, inclusive senão principalmente o comunista, são fruto dessa civilização que eles negam. Pactuaram com a mesma, aceitaram as regras do jogo por ela impostas. Quando assumiram o poder, exceto no caso da China, acabaram por adotar os valores e padrões da sociedade industrial moderna. Na verdade, os partidos de esquerda, inclusive o comunista, deixaram de ser revolucionários. Não é portanto surpreendente que as lideranças estudantis, que no mundo contemporâneo estão realmente empunhando a bandeira revolucionária, rejeitem decididamente a esquerda tradicional.

Dissemos no começo deste ensaio que a revolução do nosso tempo era estudantil, que eram os estudantes a força revolucionária por excelência do mundo atual. Entre as condições que estabelecemos para que isto fosse verdade, citamos a necessidade da existência de uma ideologia revolucionária que lhes orientasse a ação. À primeira vista parece que esta condição não é satisfeita. Tem sido amplamente divulgada a afirmação, sem dúvida verdadeira, de que a revolta estudantil não apresenta soluções, não tem um esquema operacional para resolver os problemas levantados. E sem dúvida isto é verdade. Conforme observa o correspondente de *O Estado de S. Paulo* na França, a respeito da crise estudantil de maio de 1968:

"a reforma universitária é apenas um primeiro passo para algo muito maior que é a reforma da sociedade. Denuncia-se tudo, mas há uma incapacidade total de definir os termos da nova sociedade que deverá substituir essa que vão destruir".[13]

---

[13] *O Estado de S. Paulo*, 15/5/1968.

Entretanto, não podemos afirmar que os estudantes não tenham uma ideologia, por não apresentarem soluções, esquemas feitos. Aliás, a posse de "soluções" não caracteriza em absoluto as ideologias revolucionárias. Uma ideologia revolucionária, ao contrário de uma ideologia reformista, não é construtiva, é dialeticamente destrutiva. Sua preocupação não é oferecer soluções, mas negar a sociedade estabelecida. As soluções surgirão depois, a partir da contradição e da sua prática. Surgirão das *práxis*. Na verdade,

> "os partidos não servem mais, os sindicatos estão superados, as exigências da explosão cultural são indesconhecíveis, mas, ao mesmo tempo, inexistem, prontas, fórmulas substitutivas satisfatórias. Trata-se, então, de manter e fomentar o protesto enquanto protesto, dando tempo ao tempo, até que novas proposições se formulem. Mais uma vez a teoria vai nascer da ação".[14]

Basta, portanto, aos estudantes, no momento, possuir uma ideologia crítica. E está aí, precisamente, o imenso poder da ideologia estudantil. Ela é radicalmente crítica, como o fora, no século XIX, a teoria marxista.

É preciso observar que, até o início da revolta estudantil, os grupos revolucionários de esquerda só possuíam a seu dispor uma ideologia revolucionária — a marxista. Ora, não obstante o imenso poder da teoria marxista — como meio de conhecimento e principalmente como meio de transformação do mundo —, é preciso não esquecer que esta teoria tem mais de cem anos. O *Manifesto Comunista* já está com 120 anos. Ora, daquela época para cá o mundo mudou muito. Mudou não só quantitativamente, mas também qualitativamente. Por isso, embora o método mar-

---

[14] Arnaldo Pedroso d'Horta, "A reivindicação cultural", *O Estado de S. Paulo*, 16/6/1968.

xista continue vivo, a crítica marxista perdeu vigor. Tem ainda muita validade, mas deixou de ter aquele sentido revolucionário atuante, na medida em que o mundo a ser transformado é outro. Marx criticava o capitalismo. O capitalismo continua sem dúvida sujeito à crítica marxista em muitos pontos. Mas esse capitalismo está tão mudado, tendo inclusive alcançado um grande grau de planejamento estatal, que não tem mais sentido simplesmente repetirmos as críticas de há cem anos. Além disso, surgiu no século XX, pretendendo basear-se em Marx, um sistema de governo competitivo com o capitalismo — o socialismo burocrático do tipo soviético — que, em inúmeros pontos, reproduz as características e os defeitos das economias capitalistas. Nesses termos, a velha crítica marxista ao capitalismo — então o sistema político e tecnológico dominante — perdeu atualidade. E com isso os grupos de esquerda, que continuavam a refletir sem capacidade criadora essa crítica, perderam substância.

Na hora atual, o que cabe criticar é o novo sistema político e tecnológico dominante — e este sistema é o da sociedade industrial moderna. Este sistema ainda pode ser dividido, politicamente, em capitalismo ou socialismo, na medida em que predomine a propriedade privada ou a propriedade estatal dos meios de produção — mas, tecnologicamente, este sistema é um só. E não é preciso conhecer o marxismo a fundo para saber as conseqüências desse fato: se o modo de produção é o mesmo, embora as relações de produção ainda não sejam exatamente as mesmas, é muito provável que a superestrutura de valores e crenças — os valores e as crenças da sociedade industrial moderna — sejam muito semelhantes.

Ora, o que a revolta estudantil vem fazendo, ideologicamente, é exatamente essa crítica, não apenas do capitalismo, nem do comunismo burocrático, mas da sociedade industrial moderna, da sociedade tecnoburocrática. Embora não tenham sido os estudantes os formuladores originais dessa crítica — ela vem sendo feita por um grande número de filósofos, entre os quais, talvez arbitrariamente, pudéssemos salientar Sartre e Marcuse —, foram eles

A revolução estudantil

os que primeiro adotaram essa ideologia crítica em termos políticos, em termos de ação política. Enquanto os demais grupos de esquerda continuavam a repetir (e deturpar) Marx, cuja filosofia racionalista foi, inclusive, em parte incorporada ou anexada à ideologia da sociedade industrial moderna, os estudantes partiam para a crítica e a negação total dessa sociedade. Conforme afirmava um *slogan* dos estudantes franceses, ao qual já nos referimos:

"A revolução que começa transformará não apenas a sociedade capitalista, como a civilização industrial".[15]

O capitalismo, portanto, era apenas o alvo mais imediato dos estudantes franceses. A sociedade industrial era seu objetivo maior — porque eles perceberam que o atual sistema capitalista dos países desenvolvidos não passa de um aspecto da sociedade tecnológica. Da mesma forma, nos países socialistas, a revolta estudantil tem como objeto a sociedade industrial ou tecnológica. Apenas em tais países essa sociedade se reveste de outro aspecto e apresenta alguns problemas específicos, especialmente a declarada falta de liberdade. Como os estudantes em revolta são todos basicamente socialistas, em todos os países do mundo, revoltam-se nesses países não contra o socialismo, mas principalmente contra uma deturpação desse sistema, que é a ditadura.

Ora, é exatamente no fato de ser o primeiro movimento político a adotar como posição a crítica da sociedade industrial moderna que reside a extraordinária originalidade e a força da ideologia estudantil, que, portanto, não é o ponto fraco da revolta estudantil, mas um dos seus aspectos mais fortes e que mais legitimam pensar essa revolta em termos de uma revolução.

Mas qual é essa crítica da sociedade industrial moderna? Para respondermos a essa pergunta, devemos examinar agora

---

[15] Citado em O *Estado de S. Paulo*, 15/5/1968.

algumas das características da sociedade industrial moderna, a qual, como vimos, é fruto de um extraordinário ritmo de desenvolvimento tecnológico por que vem passando o mundo. Não pretendemos, em absoluto, ser exaustivos em relação ao problema. Analisaremos apenas aqueles aspectos da sociedade industrial moderna que dizem respeito à revolução estudantil.

Herbert Marcuse é um dos críticos mais profundos e radicais da sociedade industrial moderna. Em seus livros, o filósofo alemão há muito radicado nos Estados Unidos, usando com grande liberdade conceitos filosóficos de origem variada, do marxismo e do freudismo, faz uma análise demolidora da sociedade industrial moderna — da civilização tecnológica. O modelo em que ele se baseia é naturalmente aquele que conhece melhor, e também aquele em que a sociedade industrial alcança maior grau de desenvolvimento — os Estados Unidos. Mas sempre que possível, ele amplia o âmbito de sua análise para abranger explicitamente os demais países desenvolvidos ocidentais e os países comunistas industrializados.

A análise de Marcuse tem sido com freqüência relacionada à revolta estudantil. Este relacionamento parece-nos fundamentalmente válido. Mas não devemos concluir daí que as teorias de Marcuse sejam a causa da revolta estudantil. O que é a causa da revolta estudantil é a sociedade industrial que Marcuse analisa e critica, não a própria crítica de Marcuse. Pensar de outra forma seria atribuir ao filósofo uma importância que ele não tem. O número de estudantes que até hoje leu algum livro de Marcuse deve ser mínimo. Seu estilo é difícil, sua filosofia sofisticada, de forma que é inacessível à maioria dos estudantes. Além disso, até há pouco Marcuse sequer mencionava os estudantes quando examinava as possíveis forças que poderiam se opor ao *status quo*. Em seu livro *One-Dimensional Man*, de 1964, por exemplo, depois de demonstrar o caráter conservador dos operários, declara ele:

"Contudo, por baixo da base conservadora popular está o substrato dos párias e estranhos, dos explorados e perseguidos de outras raças e de outras cores, os desempregados e os não-empregáveis. Eles existem fora do processo democrático; sua existência é a mais imediata e a mais real necessidade de pôr fim às condições e instituições intoleráveis. Assim, sua oposição é revolucionária, ainda que sua consciência não o seja".[16]

Não é possível, portanto, considerar as idéias de Marcuse como causa da revolta estudantil. Nem mesmo o título de ideólogo desse movimento lhe é inteiramente apropriado, já que só recentemente, depois que a revolta estudantil explodiu, é que ele passou a ver nela uma alta carga revolucionária. O grande mérito de Marcuse, porém, foi ter verbalizado uma insatisfação que todos sentem, inclusive os estudantes, com a civilização industrial tecnoburocrática.

Diz Marcuse que a sociedade industrial é uma sociedade totalitária, cujo alto desenvolvimento tecnológico permitiu que fossem artificialmente criadas necessidades nos indivíduos, que se tornaram assim manipuláveis:

"Em virtude do modo pelo qual se organizou a sua base tecnológica, a sociedade industrial contemporânea tende a tornar-se totalitária. Pois 'totalitária' não é apenas uma coordenação política terrorista da sociedade, mas também uma coordenação tecno-econômica não-terrorista que opera através da manipulação das necessidades por interesses adquiridos".[17]

---

[16] Herbert Marcuse, *Ideologia da sociedade industrial* (tradução de *One-Dimensional Man: Studies In the Ideology of Advanced Industrial Societies*), Rio de Janeiro, Zahar Editores, 1967 [1964], 1ª ed., p. 235.

[17] *Idem*, pp. 24-5.

Pretendendo ser ideologicamente neutra, simplesmente técnica ou científica, a sociedade industrial é na verdade altamente ideológica, imprimindo a seus participantes a marca profunda de seus valores e crenças e roubando-lhes a liberdade íntima, a ponto de formar o "homem de uma única dimensão".

"[...] a cultura industrial avançada é *mais* ideológica do que a sua predecessora, visto que, atualmente, a ideologia está no próprio processo de produção. Esta proposição revela de forma provocadora os aspectos da racionalidade tecnológica prevalecente. O aparato produtivo e as mercadorias e serviços que ele produz, 'vendem' ou impõem o sistema social como um todo. Os meios de transporte e comunicação em massa, as mercadorias, casa, alimento e roupa, a produção irresistível da indústria de diversões e informações trazem consigo atitudes e hábitos prescritos, certas reações intelectuais e emocionais que prendem os consumidores mais ou menos agradavelmente aos produtores e, através destes, ao todo. Os produtos doutrinam e manipulam; promovem uma falsa consciência que é imune à sua falsidade. E, ao ficarem esses produtos benéficos à disposição de maior número de indivíduos e de classes sociais, a doutrinação que eles portam deixa de ser publicidade; torna-se um estilo de vida. É um bom estilo de vida — muito melhor do que antes — e, como um bom estilo de vida, milita contra a transformação qualitativa. Surge assim um padrão de *pensamento e comportamento unidimensionais*, no qual as idéias, as aspirações e os objetivos que, por seu conteúdo, transcendem o universo estabelecido da palavra e da ação são repetidos ou reduzidos a termos desse universo."[18]

---

[18] *Idem*, pp. 31-2.

O resultado do surgimento desse homem unidimensional, sem qualquer real liberdade de opção, é o aparecimento de um sistema de dominação e coordenação — a sociedade industrial contemporânea, que Marcuse chama de Estado do Bem-Estar ou Estado Beligerante, que, embora pretendendo ser a culminância da racionalidade,

> "é irracional como um todo. Sua produtividade é destruidora do livre desenvolvimento das faculdades humanas; sua paz, mantida pela constante ameaça de guerra; seu crescimento, dependente da repressão das possibilidades reais e de amenizar a luta pela existência — individual, nacional e internacional".[19]

Não pretendemos aqui fazer uma resenha da obra de Marcuse.[20] O acima exposto, todavia, parece-nos suficiente para que tenhamos uma idéia preliminar e geral do seu pensamento, ou seja, de sua crítica da sociedade industrial moderna. Também não temos como objetivo nesse momento fazer uma análise crítica de Marcuse. Sua acusação contra a sociedade industrial, sem dúvida brilhante, é sempre radical. Reais conquistas da humanidade são transformadas em seus piores defeitos, por proporcionarem uma "consciência feliz" aos indivíduos e, assim, conterem o processo de transformação da sociedade. O próprio autor reconhece o problema ao afirmar que

> "a perda da consciência em razão das liberdades satisfatórias concedidas por uma sociedade sem liberdade

---

[19] *Idem*, p. 14.

[20] O leitor interessado, além da obra citada, deverá consultar Herbert Marcuse, *Eros e civilização* (tradução de *Eros and Civilization*), Rio de Janeiro, Zahar, 1968, cujo prefácio político escrito em 1966 é particularmente revelador das posições do autor.

favorece uma *consciência feliz* que facilita a aceitação dos malefícios dessa sociedade".[21]

A radicalidade do pensamento de Marcuse transparece em toda a sua obra. Os valores que ele propõe como objetivos reais do homem, por exemplo, na medida em que são radicais, estão longe de ser indiscutíveis. Seu homem liberto é

"um homem suficientemente inteligente e suficientemente saudável para prescindir de todos os heróis e virtudes heróicas, um homem sem impulsos para viver perigosamente, para enfrentar o desafio; um homem com boa consciência para fazer da vida um fim em si mesmo, para viver uma vida sem medo".[22]

Finalmente, em sua luta pela revolução das consciências, Marcuse adota uma posição declaradamente utópica. Segundo ele:

"a autodeterminação será real desde que as massas tenham sido dissolvidas em indivíduos libertos de toda propaganda, doutrinação e manipulação, capazes de conhecer e compreender os fatos e de avaliar as alternativas. Em outras palavras, a sociedade seria racional e livre desde que fosse organizada, mantida e reproduzida por um Sujeito histórico, essencialmente novo".[23]

Não cabe aqui, porém, a discussão das possíveis limitações da obra de Marcuse. O que é necessário salientar é a coincidên-

---

[21] *Idem*, p. 85.

[22] *Idem*, p. 15.

[23] Herbert Marcuse, *Ideologia da sociedade industrial*. Ver também, do mesmo autor, *Fim da utopia* (tradução de *Das Ende der Utopie*), Rio de Janeiro, Paz e Terra, 1969, p. 231.

A revolução estudantil

cia de sua crítica com a do movimento estudantil dos países desenvolvidos. Daí sua importância irrecusável.

Além da recusa radical aos valores e à estrutura da sociedade industrial tecnoburocrática, a ideologia da revolta estudantil caracteriza-se por um misto de anarquismo e marxismo e pelo idealismo denunciador de toda hipocrisia.

O sentido anárquico da rebelião dos jovens foi amplamente noticiado e discutido, especialmente por ocasião da revolta francesa de maio e junho de 1968. As bandeiras negras estavam então em toda parte. Os líderes estudantis faziam profissões de fé anárquicas. Não foi, porém, apenas na França que o anarquismo estava presente. Em praticamente todos os demais países europeus onde surgiram movimentos estudantis as bandeiras negras compareciam.

Essa revivescência do anarquismo é perfeitamente compreensível em face do caráter da revolta estudantil de condenação total dos valores e instituições da sociedade estabelecida. Os pequenos grupos anarquistas, que durante tanto tempo permaneceram marginalizados, dominados, nos setores de esquerda, pelos grupos marxistas, voltaram subitamente a ter uma voz ativa e poderosa. Isto porque o marxismo, devido ao seu caráter racionalista rigoroso — fruto que foi do auge do racionalismo oitocentista, e também por ter sido institucionalizado e burocratizado nos países comunistas e nos partidos comunistas dos países capitalistas —, passava até um certo ponto a fazer parte da ordem estabelecida. O anarquismo, que jamais subiu ao poder, que sempre foi o símbolo da anti-sociedade racionalista e burocratizada, encontrava agora uma oportunidade magnífica para ressurgir. E ressurgiu, com toda intensidade, expressa no *slogan* altamente significativo: "é proibido proibir".

O anarquismo da juventude, porém, não é puro. As lideranças estudantis caracterizam-se também pelo marxismo, geralmente de linha chinesa, contra qualquer revisionismo. Conforme observa Edgar Morin, referindo-se ao principal líder dos estudantes franceses:

"Cohn-Bendit é um anarquista com toques marxistas. Ele quer uma sociedade livre, onde todos são livres e possam ser eleitos ou revogáveis, ou seja: o poder controlado pela base, onde o controle de todas as empresas é feito pela comunidade, numa espécie de democracia".[24]

O sentido anárquico da ideologia é claro, mas sublinha-se, também, a presença de marxismo. Este marxismo, porém, não é o ortodoxo, oficial. Conforme noticiavam as agências informativas internacionais,

"o grupo liderado por Bendit intitula-se 'os furiosos', e defende ideologia esquerdista que abrange castrismo, marxismo e anarquismo".[25]

É preciso, todavia, não exagerar o significado do anarquismo, ou do marxismo castrista ou do caráter marxista da revolta estudantil. Estas posições políticas são, sem dúvida, defendidas pelas lideranças. Há, inclusive, muitos grupos católicos radicais que adotam posições nesse sentido. Em relação ao grosso dos estudantes, que participam das passeatas, das tomadas de escolas, das assembléias, não se pode pensar em linha política tão radical. O máximo que provavelmente se poderá dizer é que, nos países capitalistas, são socialistas e sentem uma profunda insatisfação com o mundo em que vivem, e nos países comunistas defendem a liberdade que lhes é abertamente negada. A figura de Guevara é uma constante de suas passeatas, muito menos por suas idéias políticas, do que pelo fato de ele se haver transformado no herói, no exemplo de desprendimento, integridade e coragem absolutas, de um mundo moderno sem heróis. Da mesma forma, a

---

[24] Edgar Morin, *Folha de S. Paulo*, 2/6/1968.

[25] *O Estado de S. Paulo*, 7/5/1968.

imagem de Mao que freqüentemente aparece nos movimentos estudantis é muito mais um símbolo da negação da sociedade industrial moderna do que um sinal de concordância plena com as soluções chinesas. Mas, se é preciso não exagerar as tendências extremistas da média dos estudantes, também é preciso não cair no erro oposto, tão típico dos conservadores perplexos e atemorizados com a rebelião de que são testemunhas, de imaginar o estudante um cordeiro, um inocente útil, sendo conduzido por lideranças radicais não representativas. Esta é a atitude típica de quem tem medo da verdade, ou então de quem quer justificar ações repressivas contra grupos isolados. O estudante de hoje está muito longe de ser um cordeiro. Ele possui uma capacidade de raciocínio e julgamento próprios que as gerações mais velhas não possuíam. Se as lideranças radicais encontram agora eco para as suas teses, é porque a grande maioria dos jovens decidiu protestar.

Além dessa mistura imprecisa de anarquismo e marxismo, a ideologia estudantil caracteriza-se por um idealismo extremado. Usamos aqui o termo "idealismo" em seu sentido vulgar — de possuir ideais elevados — e não em seu sentido filosófico — de alienação ou recusa de reconhecer a realidade que esteja fora das próprias idéias. É certo que uma alta dose de idealismo em seu sentido vulgar acaba freqüentemente por implicar em um certo grau de irrealismo. Um dos cartazes afixados na Sorbonne, durante a revolta de maio e junho, indicava bem essa tendência. Dizia simplesmente:

"Mostrem os vossos desejos de realidade".[26]

Não é, todavia, o idealismo a característica mais marcante da ideologia estudantil. O que talvez melhor a caracterize, além do anarquismo-marxismo, é a sua autenticidade e absoluta coerência com os valores que aprenderam de seus pais e mestres, mas

---

[26] *O Estado de S. Paulo*, 15/5/1968.

que estes freqüentemente não praticam. Este aspecto da ideologia estudantil foi muito bem observado por dois intelectuais italianos, Adolfo Gatti e Giorgio Spini, durante um debate de que participaram sobre o problema estudantil.

GATTI: "O que nos maravilha e nos surpreende e encanta, quando contemplamos nossos filhos, é a sua franqueza, a lealdade, uma liberdade absoluta e total de ser, que não podemos controlar. Em contraste com a realidade italiana, conformista, hipócrita, encapuçada, em contraste com a nossa própria hipocrisia, há um modo de ser franco, fresco, irracional, animal, que, a meu ver, é legítimo e justo".

SPINI: "Entendo que os movimentos estudantis não são niilistas nem destrutivos. Eles retomam impulsos morais que foram nossos e nos expulsam porque os deixamos perecer".[27]

Os dois depoimentos batem em uma mesma tecla: a autenticidade dos valores dos jovens, sua integridade, sua franqueza, seu repúdio a todo tipo de hipocrisia. Dissemos no início desta análise que uma característica essencial da ideologia da juventude era a crítica radical da sociedade industrial, de seus valores e crenças. Esta afirmativa precisa agora ser qualificada. O repúdio dos jovens não é a todos os valores ideais da sociedade industrial, mas à forma hipócrita pela qual eles são aplicados.

O mundo contemporâneo caracteriza-se pela profunda hipocrisia — pela incoerência entre seus valores ideais e seus valores reais, entre o desejo e a realidade. Não obstante a crise do racionalismo, alguns valores ideais tornaram-se comuns para as sociedades industriais modernas: a liberdade, a igualdade entre

---

[27] Publicado em *L'Expresso*, Roma, 17/3/1968, e transcrito em *O Estado de S. Paulo*, 12/5/1968.

os homens, a necessidade de bem-estar e segurança para todos, a paz, a justiça. Não há sociedade industrial em que, desde a mais tenra infância, esses valores não sejam ensinados às crianças. Ora, esses valores são ensinados, mas não são praticados. Paz, liberdade, igualdade, justiça, bem-estar para todos são valores violados todos os dias, deturpados, usados como instrumento para se alcançar vantagens pessoais, grupais, nacionais. Além disso, são todos subordinados aos valores tecnoburocráticos maiores da eficiência e da segurança.

E é preciso observar que nem sempre isto ocorreu. Na verdade, estamos diante de mais um fato novo, que nos ajuda não só a explicar a ideologia estudantil, mas a própria revolta estudantil. O fato novo não está na injustiça, na desigualdade, na fome, na falta de liberdade, na guerra. Estas sempre existiram. Está na incoerência, na hipocrisia. Nas sociedades tradicionais não existiam a maioria daqueles valores. Os homens eram mesmo considerados desiguais; a guerra estava longe de ser algo em princípio condenável, em muitos casos o oposto era verdadeiro; a liberdade só tinha sentido para alguns privilegiados. Nesses termos, as sociedades não eram incoerentes consigo mesmas. Agora, porém, os jovens aprendem valores que se pretendem universais e no entanto esses valores continuam sendo na prática desrespeitados.

Está aí portanto mais uma causa da revolta estudantil — a incoerência intrínseca do mundo moderno; está aí mais uma característica central da ideologia estudantil — a autenticidade, a coerência entre os valores aprendidos e os que se deseja praticar. Este é sem dúvida um aspecto a mais do idealismo dos jovens, que ainda não aprenderam a fazer compromissos. Mas como tudo na juventude de hoje, é um aspecto explosivo que se constitui em uma causa nova para a revolta, para o inconformismo.

Entretanto é preciso fazer aqui uma ressalva. O idealismo estudantil está sempre correndo um grave risco: o do totalitarismo. É exatamente esse totalitarismo da sociedade moderna um dos principais alvos da revolta estudantil. Mas, na sua refutação radical da sociedade industrial, os estudantes podem cair no mesmo erro que estão combatendo. Em seu radicalismo, os estudantes às vezes não respeitam o direito e a liberdade dos outros. Conforme observa o conhecido professor de lingüística do MIT, Noam Chomsky, referindo-se aos estudantes:

> "O movimento de protesto que busca uma contestação total, e se exprime mediante iniciativas irracionais e absurdas que violam os direitos dos outros, contém em si um grave perigo. De fato ele se propõe como a única minoria iluminada, terminando por arrogar-se direitos especiais: em resumo esse tipo de protesto pretende tornar-se um nova elite de poder".[28]

Esta advertência é importante, embora pensemos que se aplica à minoria dentro do movimento estudantil. Dentro de um movimento estudantil mais amplo, porém, há sempre o perigo dessas minorias "totalitárias em nome da liberdade" assumirem o poder. Sem dúvida, não é possível realizar-se uma revolução sem que um grupo minoritário assuma sua liderança e adote uma determinada ideologia. No momento, porém, em que a ideologia adotada for considerada a única legítima, com exclusão de todas as demais, estaremos caminhando no sentido do totalitarismo. Os estudantes, com sua ideologia aberta e sua fé na liberdade, parecem à primeira vista distanciados desse risco. Já tem havido casos, porém, em âmbito restrito, de totalitarismo estudantil. De forma que a advertência de um intelectual de esquerda como Chomsky parece-nos perfeitamente válida.

Até o momento, viemos desenvolvendo esta análise sem nos preocuparmos em distinguir a revolta dos estudantes de países desenvolvidos e subdesenvolvidos. Dissemos apenas que nos dois ti-

---

[28] Noam Chomsky, em entrevista a Mauro Colamandrei. Citado por Arnaldo Pedroso d'Horta em "A esquerda americana", *O Estado de S. Paulo*, 2/11/1969.

pos de países essas revoltas vêm ocorrendo. Não nos preocupamos em fazer essa distinção porque sustentamos que os pontos comuns são mais significativos do que as diferenças entre os movimentos estudantis dos países desenvolvidos e dos subdesenvolvidos.

Isto ocorre fundamentalmente porque, obviamente, só há revolta estudantil em países em que há um número relativamente grande de estudantes. Ora, países desse tipo não são países subdesenvolvidos de alto a baixo. Possuem em geral quistos de desenvolvimento. São sociedades dualistas em que existe sempre um setor moderno ao lado do tradicional. E a universidade, da mesma forma que a indústria, faz parte exatamente do setor moderno, que apresenta muitas semelhanças com os países desenvolvidos. Dessa forma, no setor urbano e moderno dos países subdesenvolvidos existe uma classe média relativamente desenvolvida; os operários, inclusive porque podem ser considerados privilegiados em relação aos trabalhadores e marginais do setor tradicional, não têm espírito revolucionário; a família patriarcal entrou em decadência; os métodos de educação e os valores são integralmente baseados nos padrões dos países desenvolvidos; já teve início um processo de massificação estudantil. Países subdesenvolvidos como o Brasil, a Argentina, a Espanha, o Chile enquadram-se nesse modelo. Em países desse tipo, portanto, as causas e características da revolta estudantil são muito semelhantes às dos países desenvolvidos.

É preciso, todavia, fazer uma ressalva da maior importância: a ideologia, os objetivos da luta estudantil são diferentes nos países subdesenvolvidos. Nestes países não tem muito sentido falar-se em marcusismo ou mesmo em anarquismo. Não há sentido em revoltar-se contra o consumismo das sociedades ricas, em países em que a pobreza e a fome são problemas muito mais graves. Não há por que discutir o problema do lazer, da liberdade do homem em relação ao trabalho, quando a falta de trabalho expressa no desemprego disfarçado é um problema muito mais sério.

Durante o auge da revolta estudantil francesa, esteve no Brasil um conhecido líder anarquista. Um grupo de estudantes e intelectuais procurou avidamente entrar em contacto com o francês para uma troca de impressões. Depois de alguns minutos de debate, porém, notou-se a perplexidade e confusão dos estudantes brasileiros. O anarquista francês falava dos êxitos econômicos da França, da melhoria do padrão de vida que ali havia ocorrido, e partia daí para desenvolver sua crítica à sociedade industrial. Ora, no Brasil, como nos demais países subdesenvolvidos, o objetivo é chegar à condição de sociedade industrial moderna...

Nesses termos, a ideologia dos estudantes dos países desenvolvidos não pode ser confundida com a dos estudantes dos países subdesenvolvidos, a não ser em um ponto: ambas criticam de forma radical a ordem estabelecida. O conteúdo dessa crítica, porém, é diverso. Os estudantes protestam contra a ditadura, o imperialismo, a ineficiência do governo, a baixa qualidade do ensino, pela liberdade de associação e expressão dos estudantes, pela reforma universitária com maior participação estudantil, etc.

Vemos, portanto, que a ideologia estudantil dos países desenvolvidos não está sendo simplesmente transplantada para os países subdesenvolvidos. Se isto ocorresse, a autenticidade e profundidade do movimento, asseguradas pelas causas comuns a países desenvolvidos e subdesenvolvidos a que já nos referimos, seriam profundamente comprometidas.

VII.
REVOLTA OU REVOLUÇÃO

No início deste trabalho dissemos que nossa tese central é a de que a revolução do nosso tempo é estudantil, que são os estudantes a força e o gérmen revolucionários mais importantes da segunda metade do século XX. Em apoio à nossa tese vimos que os operários transformaram-se em ex-revolucionários, que os movimentos estudantis têm objetivos e uma ideologia revolucionária, e que as causas da revolta estudantil são ao mesmo tempo profundas e novas, de forma que, feita a análise de um ponto de vista histórico, seu sentido revolucionário ganha em profundidade e significação.

Entretanto, é comum ouvirmos restrições ao potencial revolucionário da juventude, com argumentos da seguinte natureza: a época estudantil é transitória, depois serão todos obrigados a ceder, a fazer compromissos com a ordem estabelecida; os jovens não possuem força nem organização para empreenderem sozinhos uma revolução.

Não negamos que haja grande dose de verdade nessas afirmações. Talvez esteja exatamente aqui, no problema da operacionalidade, ou praticabilidade, o ponto fraco da revolta estudantil, que mais dificulta a sua transformação em revolução.

Mas é preciso também não subestimar as possibilidades revolucionárias dos estudantes. Nestes últimos anos, pelo menos em dois países a revolta estudantil ficou muito próxima da revolução: a França e a China. Na França, a revolta de maio e junho arrastou para as ruas as maiores multidões da história de Paris, todas as universidades foram tomadas, os conflitos nas ruas foram de enorme violência, os operários, estimulados pelos estudantes, começaram a aderir ao movimento. A situação era tipicamente revolucionária. Não fora o conservadorismo do Partido Comunista e das esquerdas em geral, que se opuseram ao movimento, e depois cancelaram as greves para as habituais reivindicações salariais, e possivelmente teríamos tido uma revolução.

A esmagadora vitória gaulista, nas eleições gerais de julho, não tira em nada a importância da revolta estudantil francesa. De Gaulle aproveitou-se da timidez, se não do medo da classe média, conservadora por natureza, para, em uma jogada eleitoral, acusar os comunistas, que no fundo haviam sido o baluarte do regime, pela crise. Ao mesmo tempo acenou a essa mesma classe média com reformas que sempre lhe são caras. O resultado foi sua grande vitória sobre as esquerdas, que haviam ficado perplexas em face da revolta estudantil. O fato, porém, é que essas eleições, que haviam sido convocadas devido à revolta dos estudantes, excluíam-nos integralmente. Dois grupos se digladiavam — esquerdas e gaulistas — que nada tinham a ver com os estudantes causadores das eleições. Por isso mesmo a vitória de De Gaulle não resolve em absoluto o problema estudantil francês.

Na China, também, a revolta estudantil alcançou as raias da revolução. A "Revolução Cultural", iniciada sob a inspiração de Mao Tsé-Tung, teve como instrumento os estudantes — os "guardas-vermelhos". O simples uso dos estudantes como instrumentos já é significativo. Em breve, porém, os estudantes deixaram de ser instrumentos para se transformarem em autores. A liderança comunista perdeu grande parte do controle sobre eles. Sem dúvida poder-se-ia objetar que esta relativa falta de controle estava dentro dos planos de Mao. É isto o que se depreende do seguinte trecho de um discurso de Lin Piao:

> "A linha do Presidente Mao sustenta que as massas se educam e se emancipam sozinhas; é uma linha que coloca a audácia acima de tudo, recomendando que se ouse e que se tenha confiança nas massas, apoiando-se melhor sobre elas, mobilizando-as sem reserva...

A revolução estudantil

Esta ampla democracia significa que o partido encoraja sem nenhum temor as massas a que vigiem e critiquem os organismos e as pessoas dirigentes do partido e do Estado, em todos os graus, mediante uma larga e franca exposição de opiniões e críticas, através dos jornais murais, em grandes ideogramas, de debates, e de amplo intercâmbio de experiência revolucionária".[29]

Dentro ou fora dos planos de liderança dos partidos, o fato é que o movimento dos estudantes chineses — observe-se que as "massas" foram os estudantes — saiu amplamente do controle, ganhou feição própria e constituiu-se em um poderoso meio de transformação da sociedade chinesa.

Na França e na China, portanto, a revolta estudantil já andou muito próxima da revolução. Em outros países, como a Alemanha, a Itália, a Argentina, a Espanha, a revolta estudantil alcançou também grande intensidade.

A alegação de que falta organização aos estudantes não é correta. Na França como no Brasil, nos movimentos de rua e na ocupação de escolas, os estudantes revelam-se possuidores de uma organização e uma técnica surpreendentes. A demonstração mais convincente das possibilidades de organização dos estudantes, porém, foi-nos dada pelo líder estudantil alemão Rudi Dutschke, que se afirma "um revolucionário profissional". E, de fato, a eficiência com que conseguiu, no começo de 1968, espalhar a agitação por uma Alemanha sólida e pacata, que há mais de trinta anos não conhecia movimentos de rua, foi impressionante. Na verdade, é preciso dizer que, relativamente aos grupos revolucionários anteriores, o movimento estudantil é aquele que, na média, apresenta maior potencial de conhecimentos técnicos e organização. A educação que receberam e estão recebendo transfor-

---

[29] Arnaldo Pedroso d'Horta, "Revolução cultural do Ocidente ao Oriente", *O Estado de S. Paulo*, 12/5/1968.

ma-os em um grande grupo com uma capacidade de raciocínio e decisão muito maior, por exemplo, do que a dos operários.

A transitoriedade da vida estudantil, porém, pode sem dúvida transformar-se em um obstáculo à revolução estudantil. É certo que o grupo está sempre se renovando e aumentando. Mas sua ação está sempre correndo o risco de perder continuidade.

Mais grave do que a falta de organização e a transitoriedade, porém, é a falta de controle ou pelo menos de acesso aos meios de produção e aos armamentos. O poder, nas sociedades modernas, está intimamente relacionado com o controle dos meios de produção e dos armamentos. Se considerarmos estes como uma espécie de bem de capital, poderíamos generalizar afirmando que o poder depende do controle sobre o estoque de capital existente. Quanto maior for esse controle, maior será o poder político. O controle poderá originar-se da propriedade, como é o caso dos empresários, ou do conhecimento técnico profissionalizado, como acontece com os tecnocratas, ou da função burocrática, como é o caso dos militares em relação aos armamentos. Este controle sobre os bens de capital — máquinas, veículos, prédios, armas — tem como conseqüência o controle sobre a organização, sobre a estrutura burocrática que administra esse estoque de capital. Do poder sobre os homens que fazem parte, direta ou indiretamente, das grandes organizações públicas ou privadas, ao poder político, é um passo.

Ora, os estudantes estão situados fora desse esquema de poder. Ao contrário do que acontece com os operários que, embora não tendo o controle dos meios de produção, estão integrados no processo de produção e vivem suas contradições, os estudantes são marginais a esse processo de produção. Estão se preparando para nele integrar-se. Mas ainda não o fizeram. Resulta daí uma grande fraqueza política dos estudantes na medida em que eles estão muito distanciados do controle do processo de produção.

Para realizarem uma revolução terão que prever a forma de controlar os bens de capital e a respectiva tecnologia que determinam esse processo de produção. E tal tarefa não será fácil de ser realizada, dado o distanciamento dos estudantes desse mesmo processo. Esse distanciamento, essa marginalidade do estudante em relação à produção, aliás, é importante na explicação da ideologia imprecisa, idealista e muitas vezes utópica dos estudantes. É preciso, todavia, não exagerar esta fraqueza dos estudantes. Pois é preciso lembrar que, por outro lado, a força revolucionária dos estudantes deriva exatamente de sua marginalidade. No momento em que o estudante, mesmo enquanto estudante, começa a se integrar no processo produtivo, podemos ter certeza de que seu potencial revolucionário está terminado. Marx pretendia que a classe operária, no século XIX, seria a origem e a base da revolução socialista, na medida em que ela, participando do processo de produção, percebia as contradições do mesmo, contradições que implicavam em exploração e miséria para a classe operária. Hoje, com um panorama muito modificado, estamos pretendendo que a revolução será ou poderá ser feita pelos estudantes e intelectuais não-comprometidos, exatamente na medida em que eles sejam marginais e não estejam integrados no processo de produção capitalista ou comunista.

Não dispomos de bola de cristal para podermos afirmar se esta revolução ocorrerá ou não. A única coisa certa é que os estudantes constituem hoje o fermento mais poderoso de renovação da sociedade. Sua visão crítica da mesma certamente a fará mudar, a fará transformar-se. Estas modificações, porém, poderão ser realizadas a longo prazo, ou poderão ser revolucionárias.

Para serem revolucionários enfrentam, portanto, os problemas de uma relativa falta de organização, de falta de controle sobre os meios de produção e de transitoriedade. Estes fatos deixam os estudantes muito vulneráveis. E quando a ordem vigente tem êxito em·uma atividade geral de controle policial do movimento estudantil, a ação revolucionária estudantil entra em uma fase de recesso até que seus quadros, sempre transitórios, possam novamente ser refeitos.

Através da transitoriedade da ação revolucionária dos estudantes introduzimos a figura do intelectual não-comprometido.

No começo deste trabalho dissemos que os estudantes e os intelectuais não-comprometidos seriam os grupos revolucionários por excelência. Acrescentamos os intelectuais não-comprometidos exatamente porque eles representam a perspectiva de continuidade no tempo do grupo estudantil, de superação, portanto, do caráter transitório da vida estudantil.

Mas o que entendemos por "intelectuais não-comprometidos"? É o intelectual que não se integrou no processo tecnoburocrático de produção. Em sua maioria são os ex-universitários desempregados ou os semi-empregados. Há, todavia, algumas profissões — artistas, professores, jornalistas, médicos — em que também pode haver um certo grau de descomprometimento. Chamamos a esses intelectuais de descomprometidos, na medida em que não dependem de uma carreira, da aprovação de superiores para sobreviverem. Devem ser incluídos também nesse grupo os *hippies* e todo o movimento *underground*.

É desse grupo de intelectuais não-comprometidos, somados aos estudantes, que sairão as lideranças radicais. Nos países latino-americanos é desse grupo que sai a maioria dos chefes guerrilheiros. O mesmo ocorreu no Vietnã. Conforme observa Régis Debray, referindo-se àquele país:

> "As circunstâncias dessa mesma guerra de libertação levam os partidos, originalmente compostos de estudantes e do melhor que existe na classe operária, a deslocar-se ao campo e levar uma guerra de guerrilhas contra o invasor".[30]

A introdução da figura do intelectual não-comprometido leva-nos ainda a uma última generalização a respeito das possibilidades de transformação da revolta estudantil em revolução.

---

[30] Régis Debray, *Revolução na revolução* (tradução de *Revolución en la revolución*), Havana, Casa das Américas, 1967, p. 71.

Referimo-nos à capacidade de absorção, pelo sistema econômico, dos egressos das universidades. Durante certo período, especialmente durante o governo Kennedy, foi aceita pelos Estados Unidos a idéia de que a melhor maneira de combater a subversão era promover o desenvolvimento econômico. Infelizmente, porém, esta proposição demonstrou-se falsa. Tanto o imperialismo americano como o soviético já verificaram que a subversão não está necessariamente relacionada com o nível de desenvolvimento, e que, portanto, as melhores formas de conter a subversão continuam a ser a força militar e o suborno das lideranças políticas. Esta verificação foi uma das causas da diminuição da ajuda econômica aos países subdesenvolvidos.

Entretanto, estamos agora capacitados a oferecer uma segunda teoria, para substituir aquela que relacionava subversão com nível de subdesenvolvimento. Esta teoria pode ser expressa nos seguintes termos: quanto menor for a capacidade relativa do sistema econômico de absorver os estudantes egressos das universidades, maior será a proporção de jovens com nível universitário desempregados ou mal empregados — intelectuais não-comprometidos — e maior, portanto, será a probabilidade de a revolta estudantil alcançar profundidade e transformar-se em revolução.

É claro que, em face dessa hipótese, há duas estratégias possíveis para as classes conservadoras: procurar diminuir o número de universitários ou proporcionar-lhes condições de emprego. Nos países subdesenvolvidos, porém, nenhuma das duas alternativas é de fácil execução. A pressão da classe média para que seus filhos cheguem à universidade é crescente. Por outro lado, a estagnação, mais do que o desenvolvimento, tem caracterizado as economias subdesenvolvidas. As perspectivas da revolução estudantil e dos intelectuais não-comprometidos, pelo menos em relação aos países subdesenvolvidos, são portanto concretas.

Finalmente, é preciso salientar que a revolução do nosso tempo provavelmente não é apenas estudantil. Já mencionamos o papel dos intelectuais não-comprometidos, mas estes, além de pouco numerosos, podem ser considerados um prolongamento do grupo estudantil. Os estudantes, estes já são numerosos, mas não o bastante para sozinhos levarem a cabo uma revolução. Deverão, em princípio, contar com o apoio dos outros grupos para que sua ação possa tornar-se eficiente. Na França, os estudantes tentaram obter o apoio dos operários. Não o conseguiram devido à resistência das lideranças operárias comunistas. Nos países subdesenvolvidos, o eventual apoio que os estudantes e intelectuais não-comprometidos poderão obter será dos camponeses e trabalhadores rurais, e de alguns trabalhadores urbanos marginais. Da classe operária dos países subdesenvolvidos propriamente dita é pouco provável que parta um movimento de apoio a qualquer esforço revolucionário, já que, além de acomodado, vimos que é um grupo relativamente privilegiado dentro das sociedades atuais subdesenvolvidas.

VIII.
CONCLUSÃO E RESUMO

Em conclusão, esperamos ter deixado demonstrada a tese central deste trabalho: a revolução de nosso tempo é realmente estudantil. Para que isto fosse verdade, estabelecemos algumas condições. Estas condições foram satisfeitas. Os operários podem hoje ser considerados ex-revolucionários. Substituíram-nos na segunda metade do século XX os estudantes. Estes possuem objetivos revolucionários. Sua ideologia é de crítica radical à sociedade industrial moderna, superando nesse sentido a crítica marxista, que nega apenas um aspecto da sociedade industrial: o capitalismo. Embora num misto de anarquismo e marxismo, a ideologia da juventude na verdade vai além dos limites dessas posições na medida em que realiza a crítica do próprio racionalismo, do qual o marxismo é típico fruto.

Mais significativo, porém, do que possuir uma ideologia revolucionária e atualizada, é o fato de que a revolta estudantil insere-se dentro do processo histórico de forma coerente, possuindo causas historicamente definidas, que chamamos de fatos novos. Os principais fatos novos ou causas profundas e atuantes da revolta estudantil são: a revolução na educação, que tornou os jovens mais independentes de seus pais e mestres; a deterioração da família patriarcal, que minou a liderança dos mais velhos; a crise do racionalismo, que roubou aos pais e mestres a possibilidade de uma mensagem simples e definida; a massificação estudantil, que aumentou o poder dos estudantes e reduziu a possibilidade de diálogo com os mais velhos; incoerência entre os valores ensinados aos jovens e os praticados; e, até certo ponto, como causa das causas, a explosão tecnológica, o desenvolvimento tecnológico em progressão geométrica a que o mundo vem assistindo. Estas causas tornam a revolta estudantil o fenômeno político e social mais significativo do nosso tempo. Seu potencial revolucionário é muito grande, especialmente se a revolta estudantil ganhar continuidade no tempo através do que chamamos intelectuais não-comprometidos.

Em qualquer hipótese, mesmo que na maioria dos países, especialmente nos desenvolvidos, que possuem uma organização social estável e sólida, a revolução estudantil não venha a materializar-se, a revolta estudantil terá ocorrido. E o gérmen, se não revolucionário pelo menos socialmente transformador dessa revolta, tão profundamente arraigada no processo histórico contemporâneo, será sempre poderoso. Além disso não podemos simplesmente afirmar que a revolta estudantil "terá ocorrido". Mais correto será afirmar que a revolta estudantil estará ocorrendo. Apesar da relativa calma de 1970 e 1971, nada indica que ela tenda a perder vigor. Pelo contrário, as causas da revolta estudantil só tendem a aprofundar-se. E é preciso, portanto, concluir que a revolta estudantil, pelo menos a prazo médio, é um fenômeno histórico irreversível.

A revolução estudantil   103

Parte II
A REVOLUÇÃO POLÍTICA NA IGREJA

"Estes sinais não enganam; a morte aproxima-se; não a morte do cristianismo, mas a morte à cristandade ocidental, feudal e burguesa. Mais cedo ou mais tarde, há de nascer uma nova cristandade, de novas camadas sociais e de novos enxertos extra-europeus; mas não devemos asfixiá-la sob o cadáver da outra."

Emmanuel Mounier

"O homem tem ainda direito natural ao respeito de sua dignidade; ao seu bom nome; à livre investigação da verdade e, dentro dos limites da ordem moral e do bem comum, a manifestar e difundir o seu pensamento bem como ao cultivo de qualquer arte; tem, finalmente, direito a uma informação verdadeira dos acontecimentos públicos."

João XXIII, *Pacem in Terris*

I.
OS SINTOMAS DA REVOLUÇÃO

Um processo profundo de transformação vem atingindo a Igreja no mundo todo e particularmente na América Latina. Em síntese, essa transformação pode ser definida como um processo de descomprometimento da Igreja com a ordem estabelecida e a adoção de uma ideologia e de práticas políticas que vão desde o pleito por reformas profundas na sociedade latino-americana até a defesa da revolução socialista e a sua prática na conscientização popular e na guerrilha.

Examinamos na primeira parte deste livro a revolução estudantil. Estudaremos, nesta segunda parte, a revolução na Igreja. Ambos os fenômenos fazem parte de um mesmo processo universal de transformação social e política, embora o primeiro seja bem mais universal e profundo do que o segundo. Colocando, pois, em um mesmo estudo dois problemas políticos diversos — a revolução estudantil e a revolução na Igreja Católica — não estamos querendo dar-lhes a mesma magnitude, nem estabelecer um estreito paralelo entre os dois fenômenos. Relações existem, que serão examinadas no transcorrer do texto. Muitas vezes, especialmente quando são estudantes católicos que lideram as manifestações estudantis, ambas as revoluções se identificam. Além disso, ambas têm o mesmo sentido de oposição à ordem estabelecida.

É preciso, todavia, desde o início, deixar bem clara uma distinção. Enquanto que a revolução estudantil tem um sentido claro e definido de radical negação da ordem estabelecida, com a Igreja Católica o fenômeno é mais ameno. Em linhas gerais trata-se simplesmente de um processo de descomprometimento. A Igreja Católica estava profundamente comprometida com as clas-

A revolução política na Igreja   107

ses dominantes e o sistema de poder vigente. Isto é especialmente válido para os povos latinos e particularmente para a América Latina, onde a Igreja conta com a maioria de seus fiéis. A tese central desta segunda parte é de que, recentemente, vem ocorrendo um rápido processo de descomprometimento da Igreja. Esta deixa de ser parte do sistema dominante, ao mesmo tempo em que vai perdendo os privilégios a que fazia jus pelo apoio que dava a esse sistema.

À medida que esse fenômeno de descomprometimento vai ocorrendo, a Igreja vai se tornando uma fonte de crítica do sistema. A intensidade dessa crítica varia muito. Se entendermos a Igreja em um sentido restrito, definindo-a como constituída de uma hierarquia de padres e freiras, burocraticamente estruturados, então teremos que limitar grandemente o alcance dessa crítica. O máximo que uma organização burocrática consegue ser é reformista. Sua crítica pode ser severa, mas jamais é revolucionária. Uma burocracia é um sistema social racionalmente organizado, que não pode se aventurar em uma revolução. Muitos são os interesses constituídos em torno de uma burocracia. E quando ela é milenar, como é o caso da Igreja Católica, além dos interesses que a rodeiam, é preciso lembrar que sua estrutura formal tende a possuir grande inflexibilidade, dificultando o processo de renovação.

Nesses termos, identificando a Igreja Católica como uma organização burocrática, não poderemos ir além de defender a tese de que essa organização burocrática vem se descomprometendo com a ordem estabelecida e se transformando em uma força reformista dentro da sociedade moderna, principalmente dentro da sociedade latino-americana.

Entretanto, se entendermos a Igreja em um sentido mais amplo, não só como uma organização burocrática ao nível do clero hierarquicamente organizado, mas, também, como o imenso conjunto dos fiéis — e esta é uma definição mais correta de Igreja — então o sentido dessa transformação pode ser muito mais amplo. Despojada de suas amarras burocráticas, a Igreja, ou, mais precisamente, setores cada vez mais amplos de leigos e de padres e freiras, dentro da Igreja, vêm não só se descomprometendo com a ordem estabelecida e querendo reformá-la, mas também vêm adotando posições cada vez mais radicais de negação dessa mesma ordem.

Até há alguns anos, catolicismo era sinônimo de conservadorismo, moderação e acomodamento. Não é por outra razão que todos os grupos revolucionários — desde os revolucionários liberais dos séculos XVIII e XIX até os revolucionários socialistas destes dois últimos séculos — combateram de forma tão violenta a Igreja. Agora, não só esse combate vem perdendo sentido, mas é muito freqüente vermos os movimentos revolucionários modernos serem liderados por católicos, cuja ação chega muitas vezes até à luta armada.

Neste trabalho procuraremos fazer uma análise desse processo de transformação política da Igreja Católica, particularmente em seu setor latino-americano. Veremos, inicialmente, os sintomas dessa revolução na América Latina e, em especial, no Brasil. Em seguida, em uma busca das causas do fenômeno, faremos uma análise histórica da Igreja no plano universal, dedicando uma especial atenção às transformações por que ela passou nestes últimos trinta anos aproximadamente, à sua abertura para o mundo moderno, que João XXIII e o Concílio oficializariam, e à crise atual da Igreja. Examinaremos, por fim, as modificações estruturais da sociedade que fizeram a Igreja passar por toda essa transformação. Defenderemos, então, uma tese básica: a de que a Igreja vem se transformando porque, de um lado, foi desertada pelas elites, que dela não mais necessitam tanto para sacralizar a ordem estabelecida, e de outro porque começou a ser abandonada pelas classes populares, que passavam a encontrar em outras religiões uma resposta mais direta a suas necessidades.

Esta transformação da Igreja Católica é recente, mas já vem sendo registrada por diversos observadores. A revista *The Economist*, em sua edição para a América Latina, afirmava em outubro de 1968:

"A recente reunião do CELAM demonstrou que a Igreja latino-americana não é a retrógrada aliada da oligarquia".[1]

Estaríamos dispostos a concordar com o editorialista da revista inglesa se o mesmo houvesse dado um caráter histórico à sua afirmação, dizendo que a Igreja "não é *mais* a retrógrada aliada da oligarquia". Esta perspectiva histórica, aliás, nos é oferecida por Fernando Pedreira, ao afirmar, depois de analisar as divergências entre "integristas" e "progressistas" dentro da Igreja Católica brasileira:

> "[...] não me parece útil nem lúcido tentar esconder por trás das evidentes divergências e das possíveis desconfianças o fato de que a Igreja Católica brasileira mudou radicalmente o seu curso: procura hoje desempenhar um papel militante na discussão e na solução dos problemas políticos e sociais do Brasil; e o faz com muito menos prudência e comedimento do que seria de esperar de uma organização tão venerável e veneranda".[2]

No plano mais amplo da América Latina, a mesma idéia nos é apresentada por William V. D'Antonio, o qual, todavia, sugere, ainda, que esta transformação por que passa a Igreja implicou naturalmente na mudança de sua ideologia. Abandonando uma ideologia tradicionalista, a Igreja Católica na América Latina caminha cada vez mais no sentido de definir uma ideologia progressista, que, freqüentemente, se identifica com uma ideologia revolucionária de esquerda. Diz-nos ele:

---

[1] *The Economist*, edição para a América Latina, 16/10/1968, p. 7.

[2] Fernando Pedreira, "Um país indeciso", *O Estado de S. Paulo*, 28/6/1968.

"Até recentemente a Igreja podia, em geral, ser contada como defensora da ordem estabelecida. Entretanto, embora a Igreja não tenha modificado seus valores religiosos básicos, ela alterou de forma profunda sua posição ideológica a respeito das aspirações temporais do homem".[3]

Esta colocação do problema é completada por seu colega na coordenação de um livro sobre o impacto político da religião no processo social latino-americano, Frederick Pike, ao afirmar que

"os padres católicos estão agora tentando colocar-se na vanguarda da marcha da América Latina em direção a uma transformação social básica".[4]

Estas citações foram por nós escolhidas por nos ajudarem a melhor definir a grande transformação pela qual vem passando a Igreja na América Latina. Fizemos citações de pessoas que não estão comprometidas, nem com a Igreja nem com o movimento de esquerda na América Latina. Parece-nos importante, nesta fase de colocação do problema, trazermos também o testemunho de um católico militante. Diz Candido Mendes, em seu livro sobre a esquerda católica no Brasil:

"As manifestações mais expressivas da inteligência católica brasileira começavam a indicar, de parte das novas militâncias engajadas, a impossibilidade de conciliarem a sua conduta autêntica com a noção de 'ordem social', que rebentava de seu quadro clássico, ao impulso do desenvolvimento. Fixem-se alguns dos

---

[3] William V. D'Antonio, "Democracy and Religion in Latin America", em William V. D'Antonio e Frederick B. Pike (orgs.), *Religion, Revolution and Reform*, Nova York, Praeger, 1964, p. 249.

[4] *Idem*, p. 6.

gestos concretos que compõem este painel novo e insólito para a perspectiva tradicional. O manifesto da JUC (Juventude Universitária Católica) no Congresso de Salvador, em 1961. Os movimentos de sindicalização rural, adiantados por diversos vigários de Pernambuco, Paraíba, Rio Grande do Norte, antecipando-se ao movimento das Ligas e disputando a autenticidade desta representação proletária aos órgãos de classe, sucitados artificialmente pelo Governo. A emergência de um forte conteúdo ideológico de esquerda no partido democrata-cristão levando ao processo de grupo preocupado em fazer a crítica do 'comunitarismo solidarista', diante das opções impostas pela realidade nacional. A amplitude ganha pelo MEB, transbordando os quadros normais da ação confessional da Igreja, para se constituir numa nova modalidade de obra mista, decisivamente vinculada ao novo conceito de educação popular adiantada no país. A inevitável articulação deste movimento, com as técnicas de alfabetização de adultos postas em prática especialmente através do chamado método Paulo Freire. O empolgamento da grande maioria das lideranças universitárias pelo movimento da Ação Popular, cuja liderança surgia da JUC. A posição radical a que chegou este último movimento serve de mirante para que se possa desenrolar toda a caminhada dessa inteligência católica no sentido de perceber a fragilidade intrínseca, no contexto do desenvolvimento, de toda posição da defesa do *statu quo*, ou de suas racionalizações, bem como da legitimidade básica da conduta em favor da transição e da mudança substancial das condições do velho regime".[5]

---

[5] Candido Mendes de Almeida, *Memento dos vivos: a esquerda católica no Brasil*, Rio de Janeiro, Tempo Brasileiro, 1966, pp. 30-1.

Neste trecho, Candido Mendes já resume as principais manifestações políticas da esquerda católica no Brasil, a partir de 1961, as quais tinham um sentido de crescente radicalização. Nesse contexto, o manifesto da JUC, no Congresso de Salvador, em 1961, tem uma importância toda especial. Marca uma abertura decisiva e radical, do ramo mais importante da Ação Católica, para os problemas sociais e econômicos do Brasil e a decisão de participar politicamente desse processo.

Até 1961 a Juventude Universitária Católica caracteriza-se como um grupo fechado e alienado da realidade brasileira. Poucos eram os que conseguiam penetrar nos pequenos grupos de jucistas que se formavam nas principais escolas superiores. Embora o propósito oficial da organização fosse a conversão ou reconversão dos universitários, na verdade ela se fechava em si mesma: não tinha nem uma visão realista do Brasil, nem se preocupava em participar politicamente da vida universitária. Seu propósito era o de converter através do testemunho, do exemplo, e esta era uma boa oportunidade para que a JUC se transformasse em um círculo fechado de amigos. As preocupações dos jucistas podem ser exemplificadas por alguns dos temas de suas semanas de estudos: "dignidade humana", "situação econômica, humana e religiosa do estudante", "o universitário e a cultura", "exigências de uma vida de estudos", "ordem social cristã", "o amor humano e a família".[6] Por esses temas é possível ter-se uma idéia do grau de alienação do jucista daquela época. Havia, sem dúvida, preocupações de ordem social. Buscava-se uma "terceira solução" entre capitalismo e comunismo, mas de forma totalmente teórica e artificial. O máximo que se conseguia era imaginar-se uma sociedade de pequenos proprietários (filosofia dos "três alqueires e uma vaca"), a cogestão, a participação nos lucros. Não se tinha, porém, nenhuma visão do processo histórico brasileiro e mundial.

---

[6] Ver, sobre as transformações da JUC, Márcio Moreira Alves, *O Cristo do povo*, Rio de Janeiro, Sabiá, 1968, pp. 223-54.

As posições teóricas não possuíam nenhuma operacionalidade e, conseqüentemente, nenhuma ação era intentada. Embora o termo "engajamento" fosse muito usado, a Juventude Universitária Católica era essencialmente desengajada.

Na verdade, os universitários católicos brasileiros, assim como todos os católicos que se pretendiam progressistas, estavam, ainda nos anos 50, presos à filosofia social de A Ordem, nos termos conservadores e idealistas em que a definira, nos anos 20, Jackson de Figueiredo. A doutrina social da Igreja era vista em termos exclusivamente éticos, esquecendo-se o processo histórico; um internacionalismo ingênuo antepunha-se a qualquer tipo de nacionalismo; um liberalismo envergonhado e disfarçado dificultava qualquer participação mais ativa do Estado na economia; um personalismo equivocado colocava a transformação da mentalidade de cada um, a sua "conversão", antes das reformas estruturais; tanto problemas políticos, como o do colonialismo, por exemplo, como problemas técnicos e econômicos mais específicos, eram ignorados.

A partir de meados dos anos 50, porém, começava a surgir uma reação a esse tipo de mentalidade. O Congresso de Salvador, com a participação de cerca de 500 jucistas, a apresentação pela região Centro-Leste, nas reuniões preparatórias, da tese "Diretrizes Mínimas para o Ideal Histórico do Povo Brasileiro", a decisão da JUC de participar, através de seus militantes, das eleições da UNE, marcam, em 1960 e 1961, a grande transformação por que passava a JUC.

A partir desse momento, pode-se falar legitimamente em uma esquerda católica. É da nova JUC que surge o grupo fundador da Ação Popular, a qual, depois, se transformaria em uma organização marxista de sentido nitidamente revolucionário. É com base nessa transformação por que passara a JUC que é publicado um jornal radical católico como o foi o Brasil Urgente. Quase todo o movimento católico de esquerda que irrompe no Brasil, a partir de 1961, tem sua matriz nessa guinada para a esquerda e nessa decisão de participação direta no processo político brasileiro tomada pelos jucistas. É através desses jovens, por exemplo, que o Movimento de Educação de Base e o método Paulo Freire de educação de adultos ganham repercussão e significado dentro do processo geral de abertura e transformação da Igreja que, no campo da hierarquia, tivera suas primeiras manifestações no movimento de sindicalização rural empreendido a partir de fins dos anos 50 por muitos vigários e bispos do Nordeste. A importante ala de esquerda que surge no Partido Democrata Cristão, a partir dos anos 60, tem sua origem na JUC.

Entre os padres propriamente ditos, muitos participaram, de forma ativa e pública, nesse processo de transformação da Igreja: trabalharam nas bases estudantis, operárias e camponesas. Participaram do MEB, do movimento de sindicalização rural, da AP, da conscientização política, tanto de favelados como de profissionais liberais, passando por todos os grupos intermediários. Quando foi preciso, esses padres tiveram a coragem de participar de passeatas e assinar manifestos. E é preciso também não esquecer que, nesses momentos, muitas freiras também participavam, como foi o caso do protesto de padres e freiras, no Rio de Janeiro, em agosto de 1968, contra a expulsão do padre-operário francês Pierre Vauthier, por ter participado, na qualidade de operário da Cobrasma, da greve ocorrida em Osasco, que levou os operários a ocuparem seis fábricas.

Entre os padres brasileiros, porém, a figura que mais se destacou, nesse processo de transformação da Igreja, foi a do padre Lage, pároco de Floresta, próximo a Belo Horizonte. O padre Francisco Lage Pessoa transformou-se, no início dos anos 60, em uma das personalidades dominantes da esquerda católica brasileira. Aliava um sentimento de justiça social muito forte e uma vivência direta dos problemas dos trabalhadores, com os quais viveu e trabalhou, a um temperamento arrebatado e a uma grande capacidade de liderança. Era um grande orador e possuidor de uma grande capacidade de trabalho. Entre 1962 e 1964, através da Comissão Nacional de Sindicalização Rural, do Governo Federal, conseguiu fundar mais de dois mil sindicatos em todo o país.

Foi também eleito suplente de deputado federal pelo Partido Trabalhista Brasileiro. Com a revolução de 1964 foi preso e acabou sendo condenado a 28 anos de prisão. Encontra-se hoje exilado no México.

No episódio de sua prisão e condenação, o padre Lage transformou-se em uma espécie de bode expiatório. Através dele o Sistema punia, de forma exemplar, toda a Igreja. Conforme ele mesmo declara na impressionante carta que enviou a Márcio Moreira Alves:

"Eu era uma espécie de pára-raios: porque não podiam prender dezenas de bispos, centenas de sacerdotes e milhares de fiéis, descarregavam o peso sobre o mais frágil, porque com o rótulo político. O general disse-me que nunca tinha visto, em toda a sua vida, uma pessoa mais odiada. E, quando ouvia que me odiavam, fazia três perguntas: a) sobre religião, e o indivíduo dizia que era católico apostólico romano; b) sobre se me conhecia, e a maioria dizia que não conhecia nem queria conhecer; c) sobre posses, e eram ricos".[7]

Fazemos estas referências às transformações por que vem passando a Igreja no Brasil a título de exemplo. Escolhemos o Brasil porque é, naturalmente, o país que melhor conhecemos. Além disso, foi aqui que esse processo de transformação adquiriu um caráter de exemplaridade definido. O fenômeno, porém, não é apenas brasileiro. Tem dimensão pelo menos latino-americana.[8]

---

[7] *Idem*, p. 105.

[8] Não pretendemos, neste trabalho, fazer um relato histórico das transformações por que está passando a Igreja no Brasil. Um amplo documentário a respeito foi publicado sob o título "A presença da Igreja no Brasil de hoje", no nº 6 da revista *Paz e Terra*. Consulte-se, também, o excelente trabalho de Márcio Moreira Alves, *op. cit.*, e, de Ulisse Alessio Floridi, *Radicalismo cattòlico brasiliano*, Roma, Instituto Editoriale del Mediterraneo, 1968. Na-

Este fato ficou evidente quando da histórica II Conferência Geral do Episcopado Latino-Americano, preparada pelo CELAM e realizada na Colômbia, em agosto e setembro de 1968. Esta conferência constituiu-se em uma tomada de consciência oficial da Igreja em relação aos problemas sociais latino-americanos. Sobre suas conclusões, afirmou frei Benevenuto de Santa Cruz, que esteve presente a todos os momentos da conferência:

"O sentimento de satisfação dos bispos era justo. Mediante a voz de cada um deles, em sua quase absoluta maioria (durante todas as votações das reuniões plenárias apenas cinco vozes manifestaram-se em contrário), de fato era a Igreja da América Latina que se engajava em dois campos distintos: decisão de rever e atualizar suas próprias estruturas, e compromisso de integrar-se com coragem e urgência no processo de transformação dos povos latino-americanos, em busca de estruturas menos injustas e menos opressivas para os homens".[9]

Esse processo de atualização de suas próprias estruturas e de participação ativa nos problemas sociais latino-americanos já vem ocorrendo. Ocorre através de conferências como esta do CELAM que, em suas conclusões oficiais, entre muitas outras afirmações de inconformismo com a situação econômico-social da América Latina, declarava, por exemplo:

"O sistema empresarial latino-americano, e através dele a economia atual, corresponde a uma concep-

---

turalmente é indispensável o livro já citado de Candido Mendes de Almeida, o qual contém ampla bibliografia em suas notas de rodapé.

[9] Frei Benevenuto de Santa Cruz, "História e sentido das conclusões do CELAM", *Folha de S. Paulo*, 15/9/1968.

A revolução política na Igreja

ção errada sobre o direito de propriedade dos meios de produção e sobre a finalidade mesma da economia. A empresa, numa economia verdadeiramente humana, não se identifica com os donos do capital, porque é fundamentalmente uma comunidade de pessoas e unidade de trabalho que necessita de capital para produção de bens".[10]

Ocorre, também, através de manifestações radicais de inconformismo, como é o caso do padre Camilo Torres. Não é por acaso que, depois de "Che" Guevara, o principal herói revolucionário radical da América Latina seja um padre — o padre Camilo Torres, morto na guerrilha, na Colômbia, em 1966. Seu engajamento na guerrilha, não obstante seu caráter de exemplaridade extremada, é mais um sinal da revolução pela qual vem passando a Igreja na América Latina.

Camilo Torres foi um intelectual de origem burguesa que, baseado nos princípios de amor ao próximo do cristianismo, foi-se tomando de crescente indignação contra a ordem vigente. Estudou sociologia em França, onde obteve sua licenciatura entre 1956 e 1958, em Louvain. Publicou diversos trabalhos sociológicos, o mais importante dos quais "La violencia y los cambios socio-culturales en las areas rurales colombianas", publicado em 1963. Foi professor de Sociologia na Universidade Nacional e dirigiu durante vários anos o Instituto de Administração Social da Escola Superior de Administração Pública.

Mais do que intelectual, sociólogo e depois político, Camilo Torres era um sacerdote católico. O cristianismo estava profundamente impregnado em sua vida. Afirma Gonzalo A. Pineda, citando declarações de Torres:

---

[10] "Conclusões oficiais da II Conferência Geral do Episcopado Latino-Americano", *Folha de S. Paulo*, item 1, III, C, 15/9/1968.

"Houve em sua intenção um denominador comum que inundou todas as zonas de sua vida: sua vocação de cristão. 'Eu optei pelo cristianismo', dizia, 'porque nele encontrava a forma mais pura de servir o próximo'. Dentro desse quadro, seu sacerdócio não foi senão uma decorrência em profundidade desse chamado fundamental: 'Fui eleito por Cristo para ser sacerdote, eternamente, motivado pelo desejo de entregar-me, em tempo integral, ao amor de meus semelhantes'".[11]

Essa posição básica de Camilo Torres vai determinar todo o resto de sua vida. Sua atividade política crescente, a crescente radicalização de suas posições e, finalmente, sua decisão de participar da guerrilha, tem como base seu cristianismo. Já em 1962 Camilo Torres começa a se tornar uma figura pública de importância quando, significativamente, devido a reivindicações estudantis, toma o partido dos estudantes, e afinal é levado pela hierarquia católica a renunciar o seu cargo de professor da Universidade.

A partir do início de 1965, porém, quando Camilo Torres redige e publica a "Plataforma da Frente Unida do Povo Colombiano", documento de sentido nitidamente revolucionário, através do qual pretende promover a união das esquerdas, tem início uma série de desentendimentos com a hierarquia católica colombiana. Esses desentendimentos obrigam Camilo Torres a renunciar à diretoria da Escola Superior de Administração Pública e, em seguida, a solicitar sua redução ao estado leigo, quando o cardeal de Bogotá afirma que "as atividades do padre Torres são incompatíveis com seu caráter sacerdotal e com o próprio hábito que veste".[12] Essa decisão, profundamente dolorosa para Camilo Torres, e o subseqüente fracasso de sua tentativa de unir as

---

[11] Gonzalo A. Pineda, "Camilo, mito e profecia?", em "Retrato de Camilo Torres", número especial da revista *Ciervo*, mai. 1968.

[12] *Idem*, p. 43.

A revolução política na Igreja

esquerdas colombianas são, provavelmente, dois fatores decisivos para sua adesão à guerrilha.

A figura de Camilo Torres é importante, dentro deste contexto, não apenas devido à repercussão que ganhou seu nome depois de morto. O que é particularmente significativo é que o seu engajamento político revolucionário, que terminou no sacrifício de sua vida, foi sempre e claramente realizado em nome do cristianismo. Conforme observa Juan Gomis, "tudo parte do cristianismo e da consciência do preceito do amor ao próximo".[13] Os Evangelhos, quando lidos com simplicidade, ganham, muitas vezes, conotações revolucionárias. Camilo Torres viveu essa experiência de maneira profunda. Disse ele, depois de haver pedido sua redução ao estado leigo:

> "Eu deixei os deveres e privilégios do clero, mas não deixei de ser sacerdote. Creio que me entreguei à Revolução por amor ao próximo. Deixei de dizer a missa para realizar esse amor ao próximo no terreno temporal, econômico e social. Quando meu próximo não tinha nada contra mim, quando houver realizado a Revolução, voltarei a oferecer a Missa, se Deus mo permitir".[14]

Camilo Torres coloca, portanto, a sua opção revolucionária em termos de dever absoluto e pessoal. Enquanto não lograsse realizar a revolução, não estaria em paz com sua consciência, já que seu próximo teria algo contra ele e poderia cobrar-lhe a revolução por realizar. Em uma ou outra oportunidade, em 1963, Torres deixa, também, muito clara sua visão do cristianismo e do compromisso que a opção cristã envolve:

> "O compromisso temporal do cristianismo é um mandato de Amor. Deve encaminhar-se com eficácia e

---

[13] *Idem*, p. 46.

[14] *Idem*, p. 52.

em direção ao homem integral matéria-espírito, natural-sobrenatural. O que diferencia o cristianismo no campo natural é sua maneira de amar, à maneira de Cristo, por Ele impulsionado: não existe amor maior".[15]

Uma outra manifestação das transformações por que tem passado a Igreja na América Latina são as constantes revoltas de padres contra a hierarquia. Esta também não tem estado, de forma alguma, imune ao clima de renovação em que vive a Igreja. No Brasil, o papel da hierarquia, principalmente no Nordeste, nesse processo, foi fundamental. A Confederação Nacional dos Bispos do Brasil, não obstante suas hesitações e os compromissos que naturalmente é obrigada a subscrever, tem, em geral, contribuído para esse processo de transformação, adotando muitas vezes posições progressistas inclusive no campo político. O CELAM, que já examinamos, e o Concílio Vaticano II, que examinaremos mais adiante, e que tem uma importância extraordinária no processo recente de transformação da Igreja, foram reuniões de bispos.

Entretanto, seja por representarem a autoridade, seja por se identificarem mais plenamente com a Igreja enquanto instituição temporal que precisa sempre estar fazendo compromissos e concessões para sobreviver, seja por serem mais velhos, o fato é que nem sempre os bispos têm podido acompanhar os padres nesse processo revolucionário por que vem passando a Igreja. E surgem as revoltas abertas — revoltas que antes eram raríssimas, e que, quando ocorriam, dificilmente vinham a público. No Brasil, no Chile, em vários países latino-americanos espoucam essas revoltas. Aquela, porém, que alcançou maior profundidade, foi a que ocorreu na Argentina no início de 1969.

O movimento de rebeldia surgiu inicialmente através de um manifesto de trinta padres da província de Rosário, que acusaram seus superiores, em março de 1969, afirmando que os mes-

---

[15] *Idem*, p. 60.

A revolução política na Igreja

mos "exercem o poder de forma autoritária e se negam a dialogar com seus subordinados e com os fiéis na procura de uma autêntica justiça social". O sentido político da rebelião era claro. Não se limitou, porém, a Rosário. No mês seguinte, 270 sacerdotes de sete províncias argentinas solidarizaram-se publicamente com os trinta de Rosário, apresentando uma representação à Confederação Nacional dos Bispos da Argentina, na qual acusavam seus superiores de não aplicarem as diretivas renovadoras do Concílio Vaticano II e do CELAM. Segundo os padres, eram cinco as principais causas que prejudicavam o exercício da autoridade episcopal na Argentina:

"1. A nomeação de bispos sem a participação representativa das comunidades eclesiásticas.
2. A inoperância da Conferência Episcopal Argentina em quase todos os âmbitos da atividade pastoral.
3. A falta de uma verdadeira liderança por parte do episcopado, devido à ausência de diálogo e conexão com as bases.
4. Marginalização quase sistemática dos sacerdotes que propugnam novas iniciativas e experiências pastorais, baseadas no espírito do Concílio.
5. Insensibilidade da Conferência Episcopal e sua falta de compromisso concreto na procura de autêntica justiça social".[16]

Vemos por essa listagem de causas que os problemas de ordem política se misturam com os de ordem interna da Igreja. A transformação política é indiscutível, mas ela ocorre ao mesmo tempo que outras transformações também abalam as velhas estruturas da Igreja, renovando-as.

---

[16] Cf. *O Estado de S. Paulo*, 11/4/1969.

Finalmente, para terminarmos este rápido esboço das transformações políticas por que vem passando a Igreja Católica na América Latina, deve ser citado o caso do Paraguai. Nesse país não foram apenas os leigos católicos, alguns padres mais jovens e um ou outro bispo isolado, que passaram a desafiar a ordem estabelecida. A hierarquia da Igreja paraguaia transformou-se em 1969 em uma ameaça ao governo ditatorial daquele país. Conforme relata Malcolm W. Browne, do *New York Times*:

"Os líderes da Igreja Católica do Paraguai representam um sério desafio para o governo autocrático e conservador do país. Bispos e outros líderes da Igreja declaram-se francamente revolucionários... Ao contrário do que acontece nos outros países (latino-americanos), os sacerdotes liberais contam com o apoio dos bispos, que são tão liberais quanto eles próprios".[17]

No Paraguai, portanto, a esquerda católica adquiriu tal significado, ao ponto de obter o apoio da hierarquia local. Embora isto não tenha acontecido nos demais países latino-americanos de forma tão clara, é indiscutível que em praticamente todos eles a Igreja vem se renovando politicamente à medida que surge uma esquerda católica nesses países.

A posição política dessa esquerda católica assemelha-se, em grande parte, à dos estudantes latino-americanos. Não é comunista. O imperialismo soviético é reconhecido, a falta de liberdade, inclusive religiosa, existente nos países comunistas, é repudiada. Mas o imperialismo norte-americano — por estar mais próximo — é o alvo mais freqüente de suas críticas. Contra esse imperialismo, ou então contra as oligarquias militares ou capitalistas que dominam os países latino-americanos, volta-se essa es-

---

[17] Malcolm W. Browne, "Igreja nova no Paraguai", *The New York Times*, transcrito em *O Estado de S. Paulo*, 10/4/1969.

querda católica, cuja estratégia se baseia principalmente em um esforço de conscientização das massas, procurando fazê-las ver sua situação de miséria, a exploração a que são sujeitas, ao mesmo tempo em que são reafirmados seus direitos a uma vida digna. Sobre o assunto diz-nos ainda Malcolm W. Browne:

"Os novos sacerdotes são, geralmente, anticapitalistas e muitos dos seus objetivos são semelhantes aos dos marxistas. Defendem a reforma agrária, a nacionalização de diversas empresas comerciais e industriais, e a resistência ao imperialismo econômico. Muitos deles se opõem veementemente à política norte-americana, que consideram imperialista. A essência de sua doutrina é definida pela palavra conscientização, que significa instruir o povo de consciência social".[18]

Essa palavra "conscientização" foi inicialmente proposta, no começo dos anos 60, pelo educador brasileiro católico Paulo Freire, que desenvolveu um extraordinário e revolucionário método de alfabetização de adultos baseado nesse princípio. Seu método, que se constituiu em uma das principais bases teóricas do importante movimento de Educação de Bases, da Confederação Nacional dos Bispos do Brasil, e principalmente do Movimento de Cultura Popular de Recife, alcançou uma profunda repercussão no Brasil. Com a Revolução de 1964, seu autor e o próprio método foram banidos sob a acusação de subversivos, não obstante um homem insuspeito como o diretor interino da USAID (United States Agency for International Development) declarasse um pouco antes:

"Contrariamente à sua alegação (do jornal O Globo), de que o método Paulo Freire é, comprova-

---

[18] *Idem, ibidem.*

damente, um método de doutrinação marxista, os técnicos em ensino têm confirmado que esse método, por si só, e no caso específico de Anjicos, não contém qualquer orientação política ou social. O projeto de Anjicos (financiado pela USAID) nunca foi considerado, por si só, uma solução ou curso completo de leitura e escrita, mas, antes, um ponto de partida do qual o adulto poderá chegar à educação mais elevada. Sua acusação pode levar alguém à conclusão de que ensinar pessoas a ler é ruim porque as leva à doutrinação. Estou seguro de que V. Exa. concordaria que tal interpretação estaria fora de lógica. Essa linha de raciocínio levaria à conclusão de que não se deve dar educação básica ao povo, porque isto o prepararia para a doutrinação deste ou daquele *ismo*. Em realidade, o método Paulo Freire, como qualquer outra técnica de ensino não-política, prepararia o indivíduo para ser influenciado por qualquer escola de pensamento".[19]

Entretanto, embora realmente o método Paulo Freire não fosse, em si mesmo, subversivo, é preciso admitir que constituía uma ameaça à ordem estabelecida. Em primeiro lugar, o método era eficiente e isto já o tomava perigoso. Educar rapidamente e em massa adultos que, depois de alfabetizados, não encontrariam na estrutura econômica e social do país oportunidades de progresso, era arriscado. Por outro lado, a filosofia pessoal do grande educador católico, embora não fosse marxista, nem pregasse a revolução, caracterizando-se antes por um reformismo básico, tinha afinal um sentido revolucionário dentro de seu humanismo radical.

---

[19] James Howe, transcrito em Márcio Moreira Alves, *op. cit.*, pp. 193-4.

A revolução política na Igreja

Em seu livro *Educação como prática da liberdade*, em que revela uma filosofia católica particularmente influenciada por autores como Alceu Amoroso Lima, Emmanuel Mounier, Gabriel Marcel, Karl Jaspers e Simone Weil, Paulo Freire deixa clara a necessidade de uma dupla opção:

> "Opção por esse ontem, que significava uma sociedade sem povo, comandada por uma 'elite' superposta a seu mundo, alienada, em que o homem simples, minimizado e sem consciência dessa minimização, era mais 'coisa' do que homem mesmo, ou opção pelo Amanhã. Por uma nova sociedade que, sendo sujeito de si mesma, tivesse no homem e no povo sujeitos de sua história... A opção, por isso, teria de ser, também, entre uma 'educação' para a 'domesticação', para a alienação, e uma educação para a liberdade. 'Educação para o homem-objeto ou educação para o homem-sujeito'".[20]

Para Paulo Freire, a educação para a liberdade, para o homem-sujeito, é uma educação que conscientiza o homem, permitindo que ele, ao invés de acomodar-se à sociedade e por ela deixar-se subjugar, adquira uma consciência transitiva crítica, que torna o homem responsável, capaz de compreender e dialogar com o mundo que o cerca e de nele integrar-se de forma criadora, como verdadeiro sujeito de sua própria existência.

Esse processo de integração criadora do homem é um processo de educação e conscientização. E o MEB, ainda em 1966, em um documento sobre seus programas, definia conscientização de maneira muito semelhante:

---

[20] Paulo Freire, *Educação como prática da liberdade*, Rio de Janeiro, Paz e Terra, 1967, pp. 35-6.

"A conscientização representa para o Movimento a tomada de consciência pelo educando, de seus valores, da significação, da vivência de seu trabalho de Homem no Mundo. O Movimento entende que a conscientização é intrínseca à própria educação, pois ela significa ajudar alguém a tomar consciência do que é (consciência de si), do que são os outros (comunicação dos dois sujeitos) e do que é o mundo (coisa intencionada), que são, sem dúvida, os três pólos de toda a educação integrada".[21]

Ora, esta conscientização jamais é neutra, ideologicamente. Quando tinha início a aplicação do método Paulo Freire, com a apresentação do primeiro quadro sobre "O homem no mundo e com o mundo. Natureza e cultura", ou com a discussão da primeira palavra geradora, "tijolo", já tinha início um processo de politização. Isto acontecia porque o método trazia, para a situação de classe, aspectos reais, vivos, do próprio mundo dos adultos que iniciavam sua alfabetização — e este mundo não é neutro.

Nesses termos, conscientizar não significa ideologizar, embora ambos os processos, na prática, acabem caminhando na mesma direção.

Este fato foi muito bem observado por Francisco C. Weffort na introdução ao livro de Freire:

"Mas se uma pedagogia da liberdade traz o gérmen da revolta, nem por isso seria correto afirmar que esta se encontre, como tal, entre os objetos do educador. Se ocorre é apenas e exclusivamente porque a conscientização divisa uma situação real em que os

---

[21] Transcrito em Márcio Moreira Alves, *op. cit.*, p. 166.

dados mais freqüentes são a luta e a violência. Conscientizar não significa, de nenhum modo, ideologizar ou propor palavras de ordem. Se a conscientização abre caminho à expressão das insatisfações sociais é porque estas são componentes reais de uma situação de opressão."[22]

Esta concepção de conscientização proposta por Paulo Freire é provavelmente, hoje, a estratégia política revolucionária por excelência da esquerda católica na América Latina. Nascida de um católico, ela tem um grande apelo nos meios católicos. O humanismo cristão que a inspira, seu caráter ao mesmo tempo neutro e ideológico, sua ênfase na liberdade e na responsabilidade, seu claro relacionamento com a "conversão", a prioridade que dá à mudança de mentalidade, ao invés da mudança das estruturas. Todos esses aspectos têm um forte apelo para os católicos e ajudam-nos a explicarem a adoção da conscientização como sua estratégia básica.

O último aspecto por nós citado, porém, merece um esclarecimento. Falamos em prioridade da mudança de mentalidade sobre a mudança de estrutura. Esse fato deve ser entendido com as devidas ressalvas. A crença na mudança das mentalidades como condição da mudança das estruturas é em geral uma crença idealista e conservadora. E os católicos, todas as vezes que se lançam, ou pretendem se lançar, em movimentos políticos revolucionários de esquerda, têm esse calcanhar de Aquiles que, não raro, os trai e impede de realizar seus objetivos: o idealismo, a crença de que a mudança das estruturas pode ser precedida pela mudança das mentalidades.

Deste perigo não escapam os católicos que revolucionam a Igreja latino-americana nos anos 60. Acontece, porém, que a mu-

---

[22] Francisco C. Weffort, "Educação e política", em Paulo Freire, *op. cit.*, pp. 11-2.

dança de mentalidade ora proposta — a conscientização — tem um sentido nitidamente histórico. Não é uma abstração idealista, mas um processo inserido no aqui e no agora da América Latina da segunda metade do século XX. Ora, esta inserção no real e no histórico dá à conscientização uma força muito maior. Além disso, os católicos progressistas, engajados na política de conscientização, estão bastante alertados dos riscos do idealismo e da inefetividade. Finalmente, a estratégia católica de esquerda não se limita à conscientização. A mudança de mentalidade é reacionária, em termos de estratégia política, quando ela esgota toda a estratégia. Nesse caso, geralmente, ela não passa de um artifício conservador para que o *status quo* seja mantido. Quando, porém, essa mudança de mentalidade se transforma em conscientização e, além disso, não esgota o esforço político revolucionário, então o perigo do idealismo é, pelo menos, diminuído.

Em resumo, vimos que vem ocorrendo uma revolução na Igreja na América Latina. Essa revolução vem ocorrendo entre os leigos, entre o clero e, em certos casos, na própria hierarquia. Através dessa revolução, os católicos vão-se transformando em uma das vanguardas das possíveis transformações políticas e sociais da América Latina. A Igreja Católica, que até há pouco era um dos baluartes da ordem estabelecida, começa a contestá-la. É preciso não exagerar a profundidade dessa transformação da Igreja. Na medida em que seu passado e suas tradições a amarram, na medida em que suas relações e compromissos com a classe dominante ainda não foram totalmente superados, na medida em que ela é uma instituição burocraticamente organizada, não podemos falar que ela se tenha transformado em uma força revolucionária na América Latina. Parece indiscutível, porém, que a Igreja vem passando por uma profunda transformação, que alguns preferem chamar de crise, e nós chamamos de revolução. Neste trabalho estamos preocupados principalmente com o aspecto político dessa revolução. Mas não há dúvida de que a revolução na Igreja não é apenas política. É também teológica, moral, litúrgica. Veremos alguns aspectos desse fenômeno quando,

A revolução política na Igreja   129

em seguida, examinarmos as transformações por que vem passando a Igreja no plano mundial.

Em um plano mais amplo, saindo do âmbito do Brasil ou da América Latina, nota-se que este estado de efervescência política da Igreja Católica tem também, pelo menos, dimensão européia. Não ousamos dizer mundial, porque seríamos obrigados a incluir os católicos norte-americanos e da Ásia e África nesta afirmação, o que não nos parece justificado, não obstante os influxos modernizantes de que tem sido cenário a Igreja nos Estados Unidos nos últimos anos. Na verdade, a própria inclusão da Europa neste processo revolucionário deve ser feita com certas qualificações. O comprometimento político da Igreja com teses progressistas e, algumas vezes, mesmo revolucionárias, vem ocorrendo principalmente na América Latina. Discutiremos as causas desse fenômeno mais adiante. O centro do pensamento católico, porém, continua na Europa, na Itália e na França principalmente, de forma que não é possível ocorrerem grandes transformações na Igreja sem a participação desses centros. A própria estrutura hierárquica centralizada da Igreja, com sua sede em Roma, aliás, não permitiria que a situação fosse diferente.

Na verdade, sob muitos aspectos, a Igreja é uma unidade em que dificilmente as partes poderão modificar-se sem que o todo se transforme. Sem dúvida, diferenças regionais são possíveis, mas o controle dos problemas de fé e moral por Roma é suficientemente poderoso para que a unidade básica seja mantida. Nesses termos, uma transformação tão decisiva da Igreja na América Latina — a ponto de poder transformá-la de instrumento do poder das oligarquias agrário-comerciais dominantes, até há bem pouco, em um ponto de apoio para a revolução — só poderia ocorrer na medida em que a Igreja inteira estivesse atravessando um profundo processo de mudança. Ora, é exatamente isto o que vem ocorrendo. Jean-Marie Domenach e Robert de Montvalon, que realizaram uma coletânea de textos e documentos do catolicismo francês entre 1942 e 1962, afirmam na conclusão:

"Se nos perguntarem o que mais se modificou na França, nestes últimos vinte anos, responderemos: foi a Igreja".[23]

E, de fato, a partir da Segunda Guerra Mundial, a Igreja, particularmente na França, passou por um profundo processo de modernização, de descoberta e reconhecimento do mundo moderno. O sentido fundamental desse processo foi o do reconhecimento de que a Cristandade, ou seja, o sistema político vigente no mundo desde Constantino, em que a Igreja era parte do sistema de poder, estava definitivamente terminada, e que era agora necessário à Igreja, para sobreviver, adaptar-se ao mundo moderno, compreendê-lo e procurar reconquistá-lo.

---

[23] Jean-Marie Domenach e Robert de Montvalon, *Catolicismo de vanguarda* (tradução de *Une Église en marche*), Lisboa, Livraria Moraes; São Paulo, Herder, 1965, p. 413.

II.
A IGREJA NO PODER

Desde a Revolução Francesa, quando a Igreja sofrera seu primeiro e mais violento golpe, ela não fizera outra coisa senão procurar manter ainda uma parte de seus privilégios, de sua participação no poder. Sua aliança com a burguesia vitoriosa não teve outro sentido. Embora continuasse condenando o liberalismo, que no século XIX era a fonte de todos os seus males, a Igreja foi levada a aceitar a burguesia e a democracia parlamentar como um mal menor — já que não era possível ver renascerem das cinzas a aristocracia e o sistema monárquico. Ao surgir a ameaça do comunismo a Igreja reagiu com todas as suas forças, ao mesmo tempo em que selava sua aliança com o sistema capitalista.

Em todos esses acontecimentos a Igreja procurava sempre manter uma parcela de seu poder. Sempre fizera, desde Constantino, parte da ordem estabelecida, e não se conformava em se ver cada vez mais marginalizada, à medida que crescia o Estado moderno, e este assumia cada vez maiores responsabilidades, inclusive a da educação. A longa batalha do laicismo *versus* clericalismo, em torno da escola católica, por exemplo, que dominou a história da Igreja durante o século XIX, não tinha outro sentido senão o de a Igreja procurar preservar um pouco de seu poder temporal que se esvaía.

Durante séculos a Igreja constituíra a própria classe dominante ou dela fizera parte de forma preponderante. Durante a Idade Média seu papel foi fundamental na estruturação da sociedade de então. O poder político e o poder religioso se confundiam. Grandes eram as propriedades da Igreja, grandes os seus interesses materiais. Em meio a milhares de feudos desorganizados entre si, a Igreja era a única organização existente capaz de dar um mínimo de estrutura e direção ao todo existente. Única organização burocrática bem montada da época, possuindo uma doutrina clara e um grande número de homens cultos e capazes a seu serviço, não lhe foi difícil exercer um amplo domínio temporal. A Renascença e o surgimento do mundo moderno coincidem com a decadência do feudalismo e o surgimento das monarquias absolutas. A monarquia absoluta já representa um primeiro golpe no poder temporal da Igreja. O monarca absoluto assim se definia, à medida que procurava organizar ele próprio um Estado burocrático, que submetesse política e militarmente os feudos, e desse unidade ao sistema político. A monarquia absoluta, que surge com o apoio da burguesia nascente, é o momento da criação do Estado moderno, que vinha assim substituir a Igreja em suas funções políticas de estruturação de feudos esparsos. Não foi, portanto, sem resistência que a Igreja aceitou as monarquias absolutas. Entretanto, os interesses comuns eram muito poderosos. Os senhores e os bispos pertenciam a uma mesma classe social, originavam-se das mesmas famílias. Em outras palavras, os interesses coincidentes eram muito mais poderosos do que os conflitantes, de forma que um acordo foi logo alcançado. Facilitou esse acordo a ameaça do protestantismo, nos países em que este não se tornou vitorioso.

Dentro das monarquias absolutas a Igreja já não era mais a organização politicamente dominante, mas continuava a deter uma enorme soma de poder e riqueza. Agora, sua função política não era mais de direção. Conservava, porém, uma função política fundamental: a de sacralizar as normas da sociedade civil, dando-lhe assim um poder coercitivo muito maior do que a simples ameaça de sanções penais.

Realmente, esta tarefa de sacralizar as normas sociais foi sempre uma função social, por excelência, de todas as religiões. A Igreja Católica exerceu essa função em toda a sua plenitude. Tornando sagradas as normas e ameaçando quem deixasse de cumpri-las com o pecado e as chamas do inferno, a Igreja constituía-se em um poderoso sistema de controle social.

Neste processo de sacralização das leis humanas, transformando-as em leis divinas, a Igreja cobria todos os setores da vida humana. E, muitas vezes, vinha atender uma necessidade social da época. O controle da natalidade, por exemplo, cuja proibição hoje se tornou anacrônica e é uma das principais fontes de conflito entre a Igreja e o mundo moderno, era realmente criminoso na Idade Média. Em uma época em que a taxa natural de mortalidade, devida a doenças, fome, pestes, guerras, era enorme, de forma que, facilmente, superaria a taxa de natalidade, caso houvesse qualquer controle, esse controle constituía-se em uma ameaça à própria sobrevivência de cada comunidade. Para evitar essa ameaça, a Igreja intervinha, sacralizando a norma de proibição de controle da natalidade.

Mas da mesma forma que a Igreja sacralizava normas socialmente necessárias, independentemente do regime social, como a que acabamos de examinar, ou como as normas de não matar ou não roubar, sacralizava também normas estritamente contingentes ao regime político vigente, como a do direito divino dos reis, a do direito natural à propriedade dos meios de produção, ou, então, como a da resignação em face da pobreza e da desigualdade.

A ascensão da burguesia ao poder, no fim do século XVIII e durante o século XIX, constituiu um golpe mais poderoso e duradouro no poder político da Igreja. Já durante o século XVIII a pregação dos defensores do liberalismo, a principiar pelos enciclopedistas, voltou-se violentamente contra a Igreja. Era o racionalismo que, depois de abrir caminho através da filosofia de Descartes, que definiu seus princípios, e da ciência de Galileu, entrava também pelo campo da política, atacando o tradicionalismo da Igreja.

A Igreja combateu sob todas as formas possíveis, com a palavra e a força, o racionalismo emergente. Não se contentou em combater as idéias políticas, sociais e econômicas que surgiam com o racionalismo e a crença do homem em sua própria capacidade — na capacidade da razão — para reger o seu próprio destino. Combateu também as descobertas científicas das ciências físico-matemáticas, transformando-se assim em um poderoso obstáculo ao desenvolvimento da ciência.

Quando a Igreja verificou que a burguesia já era vitoriosa, procurou desassociá-la da filosofia liberal e anticlerical que com ela surgira. Foi, até um certo ponto, bem-sucedida nessa empreitada, de forma que, conforme já observamos, encontrou um *modus vivendi* com o sistema capitalista burguês.

Isto foi possível, não só em virtude da capacidade de adaptação da Igreja, mas também porque a burguesia viu imediatamente as grandes vantagens que poderia auferir de uma união com ela. Esta passaria agora a sacralizar as normas burguesas e a apaziguar qualquer tentativa de revolta.

É compreensível, portanto, que Lênin, citando uma célebre frase de Marx, declarasse:

> "A religião é o ópio do povo: esta sua afirmação constitui a pedra angular de toda a concepção marxista a respeito da religião. O marxismo considerou sempre todas as religiões, todo o clero, todas e cada uma das organizações religiosas, como órgãos da reação burguesa postos a serviço da defesa da exploração e do embrutecimento da classe operária".[24]

Nessas afirmações existe, sem dúvida, excesso de generalização, ao mesmo tempo que lhe falta o sentido histórico que certamente estaria mais de acordo com o marxismo. Apesar da violência e do excesso, porém, é preciso admitirmos que, no que se refere à Igreja Católica, até pelo menos a Segunda Guerra Mundial, aquelas afirmações de Lênin eram basicamente corretas. Os

---

[24] Vladimir I. Lênin, citado em *El materialismo histórico*, Academia de Ciências da URSS, redigido por F. V. Konstantinov, Cidade do México, Crijalbo, 1957, p. 357.

novos ataques que, a partir de meados do século XX, iria receber de Marx e seus seguidores cada vez mais numerosos, só a fizeram encolher-se ainda mais em seu conservadorismo e reforçar ainda mais a sua condição de baluarte da ordem estabelecida. É certo que houve exceções. Já no século XIX, um punhado de católicos progressistas levantava a bandeira da justiça social. Em geral, porém, em termos idealistas, sem qualquer operacionalidade e repercussão. Em 1848, por exemplo, monsenhor Ketteler, que logo depois seria consagrado bispo de Mogúncia, declarava do púlpito que a concepção burguesa e liberal de propriedade

"mata os mais nobres sentimentos no peito dos homens, e desenvolve uma tal dureza, uma tal insensibilidade à miséria humana, que nem mesmo entre os animais encontramos igual, pois ela denomina justiça o furto organizado... A famosa frase 'a propriedade é um furto' não é, evidentemente, uma mentira".[25]

Outra grande figura do catolicismo progressista do século XIX é Frederico Ozanam. E todo o esforço desse catolicismo é coroado, em 1891, pela *Rerum Novarum* de Leão XIII, que, realmente, dado o conservadorismo em que se achava mergulhada a Igreja, constitui-se em uma revolução dentro da Igreja, na medida em que reconhece "a riqueza nas mãos de um pequeno número, ao lado da indigência da multidão",[26] "a situação dos trabalhadores isolados e sem defesa... entregues à mercê de senhores desumanos e à cobiça da concorrência desenfreada",[27] dá apoio

---

[25] Citado por Nando Fabro, "Do manifesto dos comunistas à *Pacem in Terris*", em *Diálogo posto à prova*, Rio de Janeiro, Paz e Terra, 1968, p. 114.

[26] Leão XIII, *Rerum Novarum*, em *A doutrina social da Igreja*, Rio de Janeiro, Laemmert, 1968, p. 147.

[27] *Idem*, p. 149.

à existência dos sindicatos, e faz uma série de recomendações sobre a justiça social e a proteção dos operários.

Entretanto, se examinarmos com mais cuidado esse documento pontifício, somos obrigados a reconhecer que, em última análise, ele é também uma manifestação da Igreja em defesa da ordem estabelecida. O grande inimigo nesta encíclica é o socialismo. A tese dita e refletida um sem-número de vezes é a de que "o primeiro fundamento a obedecer por todos aqueles que querem sinceramente o bem do povo é a inviolabilidade da propriedade particular".[28] Conforme observa um católico italiano, depois de uma análise cuidadosa da encíclica,

"a *Rerum Novarum* mantinha, portanto, uma posição eqüidistante, por nada revolucionária, e apenas preocupada com a realização de um mínimo de justiça salarial e de repouso festivo para homens que trabalhavam até doze horas por dia, com salário de fome".[29]

Em qualquer hipótese, a *Rerum Novarum*, da mesma forma que a *Quadragesimo Anno*, de Pio XI, quarenta anos mais tarde, seria uma abertura, ainda que tímida e reticente, para a questão social e o mundo moderno. E foi suficiente uma pequena abertura para que todo um setor dos católicos, amedrontado com o reconhecimento da validade das associações operárias, impedisse, com todas as suas forças, a divulgação e a explicação da encíclica no mundo operário.[30]

O papel de defender a ordem estabelecida, porém, era desempenhado pela Igreja durante o século XIX com reservas profundas. Desde a Revolução Francesa, a Igreja estava em conflito com o mundo moderno. Toda a doutrina da Igreja era baseada

---

[28] *Idem*, p. 159.

[29] Nando Fabro, *op. cit.*, p. 119.

[30] *Idem, ibidem*.

A revolução política na Igreja

na tradição e na revelação. O capitalismo, porém, é eminentemente racionalista, à medida que o capitalista dirige todos os seus esforços no sentido do lucro, e, para atingir esse fim predeterminado, ele procura sempre utilizar os meios mais adequados — em outras palavras, procura a eficiência. Sendo racionalista, baseando-se no princípio da maximização dos lucros e na eficiência, o capitalismo é naturalmente levado a exaltar o desenvolvimento científico e tecnológico. Além disso, para levar adiante seus propósitos, acompanhando o grande desenvolvimento econômico que caracterizou a história econômica de grande parte da Europa e dos Estados Unidos, sob a égide do capitalismo, este sistema econômico é, naturalmente, levado a ampliar as funções do Estado e a criar grandes sociedades anônimas, privadas, de caráter burocrático.

Dentro desse processo, que além de tudo tinha um claro objetivo materialista de maior conforto e maior acumulação de bens, a Igreja via uma ameaça ao que lhe restava de poder material. Para muitos católicos, do racionalismo ao ateísmo ou à indiferença religiosa era um passo. Além disso — como veremos detidamente mais adiante, quando examinarmos as causas da transformação pela qual a Igreja vem passando recentemente — a Igreja sentia-se com sua função social de sacralização das normas da sociedade civil cada vez mais diminuída. Era natural, portanto, que a Igreja olhasse com apreensão esse mundo moderno que surgia. Reagindo contra ele, passava à condenação dos "erros do mundo moderno", especialmente na encíclica *Quanta Cura*, de Pio IX e no *Syllabus*, de 1864.

Nesses termos e particularmente depois que o Concílio Vaticano I, em 1870, afirmou a infalibilidade do papa em matéria de fé, observa Alceu Amoroso Lima que

"o mundo moderno se considerou totalmente condenado pela Igreja e, portanto, em estado de hostilidade, latente ou patente contra ela... a opinião dominante entre nós, estudantes universitários de 1910 a 1920, para só falar de minha própria experiência pessoal, era essa. A Igreja era uma instituição do passado, conservando imutável o espírito absolutista; fechada a toda renovação, incompatível com a Ciência, com o Progresso, com a Liberdade, com a Democracia".[31]

Essa visão da Igreja, que o autor citado, depois de sua conversão, passou a considerar como uma "falsa visão", era, na realidade, um retrato o mais fiel possível da Igreja do século XIX e do início do século XX.

Ora, essa recusa ao progresso, esse fechamento sobre si mesma, essa atitude permanentemente defensiva em um mundo em pleno processo de transformação só podiam enfraquecer a Igreja. Conforme observa ainda Alceu Amoroso Lima:

"A Igreja se apresentava para muitos, senão para a maioria, tanto fora como dentro dela, como sendo incompatível com os tempos novos. A razão principal da apostasia das massas e das elites intelectuais, de há um século a esta parte, principalmente, não é outra senão esta".[32]

O problema já havia em parte sido reconhecido por Pio XI, quando declarara, de forma dramática, que "o pecado mortal da Igreja, no século XIX, foi ter perdido a Classe Operária" e também que "a Igreja foi feita para o mundo e não o mundo para a Igreja". Na Europa, principalmente, a Igreja se afastara do povo, fechara-se em suas paróquias burguesas e pequeno-burguesas, em suas escolas confessionais, em suas associações católicas. E tanto o povo quanto os intelectuais abandonavam em massa a Igre-

---

[31] Alceu Amoroso Lima, "Diálogo da Igreja com o mundo moderno", revista *Paz e Terra*, nº 1, jul. 1966, pp. 12-3.

[32] *Idem, ibidem.*

ja que, assim, ficava reduzida a uma classe média urbana e às populações rurais.

Finalmente, deve ser observado que a emergência das tecnoburocracias no século XX agravava ainda mais a situação da Igreja, na medida em que seu sistema ideológico totalitário e repressivo dispensava a participação da Igreja, além de com ela concorrer.

III.
A RECONCILIAÇÃO COM O MUNDO MODERNO

Era preciso reagir. Pio XI, com a *Quadragesimo Anno* e com a criação da Ação Católica, em 1922, ou seja, com a criação oficial do apostolado dos leigos, dá um primeiro passo nesse sentido. A criação da Ação Católica representava o reconhecimento da descristianização dos povos oficialmente chamados católicos, porque eram batizados ao nascerem, mas que, na verdade, eram em sua maioria ateus ou indiferentes.

A grande transformação pela qual passaria a Igreja no século XX, porém, tem realmente início durante a Segunda Guerra Mundial, e tem seu principal foco na França. O livro *Une Église en marche* (*Catolicismo de vanguarda*), já citado, uma antologia de textos e documentos do catolicismo francês, organizada por Jean-Marie Domenach e Robert de Montvalon, faz um excelente relato dessa renovação do catolicismo, que prepararia o clima para o surgimento de João XXIII, suas encíclicas e o Concílio Vaticano II.

Essa renovação, que teve início durante a Segunda Guerra Mundial, é uma renovação profunda que vai atingir todos os setores da Igreja. Neste trabalho estamos preocupados com as transformações políticas por que vem passando a Igreja. Não é possível, porém, compreendê-las sem que as situemos dentro desse processo geral de renovação da Igreja no campo teológico, apostólico, bíblico e litúrgico que então tem início.

No campo teológico e filosófico a figura mais importante é a de Teilhard de Chardin, o grande cientista e pensador jesuíta. Suas obras são escritas principalmente durante os anos 30, mas só começaram a ser publicadas após sua morte, em 1954. Em vi-

A revolução política na Igreja   141

da não pôde publicar seus trabalhos, proibido pela Santa Sé. Teilhard de Chardin realiza um gigantesco e ousado esforço de síntese, propondo-nos uma visão global e integrada do universo, da sua evolução, do surgimento do homem e do seu destino. E através dessa visão, ao mesmo tempo científica e teológica, torna-se responsável pela mais extraordinária tentativa do nosso tempo, a de reconciliar a fé e a ciência, que desde os tempos de Galileu haviam entrado em profundo conflito. Esta tarefa, naturalmente, já tem uma importância extraordinária no processo de reconciliação da religião com o mundo moderno.

Mais do que uma simples apologética da fé cristã, o fenomenologismo de Teilhard de Chardin nos apresenta uma visão global, cósmica, do mundo. Esta visão, porém, é uma visão histórica. A obra de Teilhard de Chardin é uma cosmogênese. Partindo do princípio da evolução que, em sua qualidade de eminente paleontólogo, naturalmente adotou, o padre jesuíta desenvolveu uma concepção globalizante e histórica do mundo, a qual, partindo do momento da criação, desenvolve-se em um movimento aspiral: primeiro através da cosmogênese propriamente dita; depois através da antropogênese, a partir do aparecimento do homem, e, finalmente, através de uma cristogênese, a partir do aparecimento de Cristo até o ponto Ômega.

Essa visão histórica, baseada em uma concepção finalista de contínuo aperfeiçoamento do universo, que se converge para o homem e para o ponto Ômega, identificado com Deus, está na base do método de Chardin, que uma vez declarou:

> "A história invade, pouco a pouco, todas as disciplinas, desde a metafísica até a físico-química, a ponto de que tende a constituir-se... uma espécie de ciência única do real que poderia chamar-se de 'a história única do real'".[33]

---

[33] Teilhard de Chardin, *La Vision du passé*, citado em Roger Ga-

Esta história é regida por uma lei fundamental, ou, para sermos mais precisos, por duas leis interdependentes: as leis da complexidade crescente e do surgimento da consciência. O mundo tende a tornar-se cada vez mais complexo, entendendo-se essa complexidade também como um processo de organização. O mundo material, que assim vai-se organizando e ganhando complexidade, desemboca na consciência. A consciência é, portanto, função da complexidade. Surge e dá mais consciência e unidade à matéria da qual é a força organizadora, à medida que esta vai, dentro do processo evolutivo, se tornando cada vez mais complexa e organizada. Em resumo, conforme observa Conrado Detrez em um excelente trabalho de síntese sobre a obra de Chardin:

"Para Teilhard, a matéria e o espírito são duas expressões de uma só realidade, uma dependendo da outra para constituir o cosmos. Pois se não houvesse matéria a organizar, não haveria consciência a se manifestar. Se não houvesse consciência ou força de integração, não haveria matéria organizada mas volatilizada. Em vez de cosmos, haveria caos".[34]

Nessas idéias está o centro do pensamento de Chardin. Ele mesmo o declara na conclusão de O fenômeno humano, quando escreve:

"Reduzida, com efeito, ao seu cerne mais puro, a substância das longas páginas que precedem, reduz-se inteiramente a esta simples afirmação que, se o universo nos aparece sideralmente como em vias de ex-

---

raudy, Perspectivas do homem, Rio de Janeiro, Civilização Brasileira, 1966, p. 175.

[34] Conrado Detrez, "A história e o universo, segundo Teilhard de Chardin", revista Paz e Terra, n° 2, set. 1966, p. 20.

A revolução política na Igreja   143

pansão espacial (do ínfimo ao Imenso), do mesmo modo e ainda mais claramente, ele se nos apresenta, físico-quimicamente, como em vias de *enrolamento* orgânico sobre si próprio (do muito simples ao extremamente complicado) — achando-se este enrolamento particular 'de complexidade' experimentalmente ligado a um aumento correlativo da interiorização, quer dizer, de psique ou consciência".[35]

Uma primeira observação que imediatamente nos ocorre diante de uma tal teoria é a sua extraordinária ousadia. Teilhard de Chardin não parece limitar-se nem por considerações de ordem científica nem pela preocupação com a ortodoxia católica. Diz mais e com mais liberdade do que um cientista puro que quisesse ater-se exclusivamente às descobertas de suas pesquisas. Por outro lado, sem se intitular um teólogo, constrói uma teologia dinâmica, histórica, em frontal oposição à teologia e à filosofia tomista, essencialmente estática, preocupada em definir e classificar um mundo que essencialmente não muda (não obstante os conceitos metafísicos de potência e ato, que poderiam ser a base de uma concepção mais dinâmica).

Essa visão histórica de Teilhard de Chardin, que assim devolve ao cristianismo sua tradição judaica e bíblica, no sentido de identificar o mundo e, particularmente, o povo eleito com um processo histórico de salvação coletiva, é, além disso, uma visão otimista, senão utópica. Conforme nos diz ele:

"O êxito da hominização é necessário, fatal, garantido... nada pode deter o Homem na sua marcha para a unificação social, para o desenvolvimento (li-

---

[35] Teilhard de Chardin, *O fenômeno humano* (tradução de *Le Phenomène humain*), São Paulo, Herder, 1965, p. 333.

bertador do espírito) da máquina e dos automatismos para o 'tudo ensaiar' e o 'tudo pensar' até o fim".[36]

Dentro dessa perspectiva histórica e otimista, em que o mundo é visto dentro de um contínuo processo de aperfeiçoamento, o mal deixa de se confundir com o pecado. Este passa a ser muito mais limitado do que aquele. O mal está espalhado pelo mundo todo, à medida que há desordens, malogro da evolução, decomposição e morte, solidão e angústia, à medida que o mundo parte do imperfeito para o perfeito. Mas o pecado é algo muito mais limitado. Conforme observa Paul Chauchard:

"Os malogros e as monstruosidades da evolução de um mundo em formação deram lugar às inconseqüências do homem que, bem freqüentemente, não eram pecados: ignorância, erro, tolice, desconhecimento das conseqüências dos atos e dos deveres humanos, inúmeros determinismos a limitar juízo e liberdade".[37]

Ora, evidentemente, as conseqüências de ordem moral da obra de Chardin não se limitam a problemas como o do conceito de pecado. Há, também, as implicações sociais e políticas que nos interessam neste trabalho, justificando o rápido resumo que fizemos do seu pensamento.

Estas implicações políticas da obra de Chardin estão relacionadas com o otimismo de sua visão do mundo, com seu caráter antropocêntrico, com a adoção de um método fenomenológico e histórico, e com a ousadia com que trata todos os problemas.

O otimismo de Chardin é uma das características centrais de seu pensamento. Disse ele uma certa ocasião:

---

[36] *Idem*, p. 341.

[37] Paul Chauchard, *O homem em Teilhard de Chardin* (tradução de *L'Être humain selon Teilhard de Chardin*), São Paulo, Herder, 1963, p. 55.

A revolução política na Igreja   145

"Demasiado fácil seria dispensar de agir, discorrendo sobre a decrepitude das civilizações; ou mesmo sobre o próximo fim do mundo!... Por mais crítico que seja, o que hoje se passa deve ser uma crise de progresso".[38]

A caminhada do homem para o ponto Ômega tem um nítido sentido de progresso e de realização cada vez maior. O progresso da Humanidade distingue-se por um caráter convergente, através do qual ocorre um processo de "socialização" e de "personalização". A socialização desenvolve-se à medida que a organização social vai se tornando cada vez mais complexa e os homens cada vez mais integrados e dependentes dessa organização. Com o desenvolvimento da socialização progride também o processo de personalização, através do qual o homem, usufruindo de trocas intelectuais cada vez mais ricas e complexas, alcança níveis de realização intelectual e espiritual cada vez mais altos.

Esse sentido otimista de Teilhard de Chardin foi muito bem salientado pelo teólogo francês J. Daniélou, quando este afirmou:

"Em Teilhard existe um otimismo quanto ao êxito inelutável da criação, uma adesão à sua congênita bondade. Ora, aí está uma mensagem profundamente salutar hoje em dia. A grande doença do homem moderno com a desconfiança na inteligência é certo gosto pela desgraça".[39]

Ora, esse otimismo já tem um claro sentido político. O pessimismo, geralmente, leva a uma atitude conservadora. Se as pers-

---

[38] Teilhard de Chardin, "Sauvons l'Humanité", em *Construire la Terre*, citado por Hubert Cuypers, *Teilhard, pró ou contra*, Petrópolis, Vozes, 1967, p. 6.

[39] J. Daniélou, *Signification de Teilhard de Chardin*, citado em Hubert Cuypers, *op. cit.*, p. 26.

pectivas são más, nada há a fazer. Um pessimista jamais diria, como Teilhard de Chardin, que "nas nossas mãos está o futuro da Terra. O que iremos decidir?".[40] Um conservador também dificilmente tomaria uma posição desse tipo. O marxismo, por exemplo, é uma ideologia profundamente otimista. Se não fosse, não possuiria a carga revolucionária que possui. É provavelmente por isto que o marxista e dirigente do Partido Comunista Francês Roger Garaudy termina sua análise da obra de Teilhard nos seguintes termos:

"Nem por isso é menos certo que a obra do padre Teilhard de Chardin, pelo sopro otimista que a penetra e a inspira, pelo reconhecimento de que a especificidade do fenômeno humano não exclui, de modo algum, a origem histórica do espírito, por sua afirmação sem reticências do sentido da história e sua condenação do individualismo desesperado dos pensadores da decadência, oferece um terreno para um diálogo fecundo entre o pensamento cristão e o marxismo, porque, com o padre Teilhard, esse diálogo não se acha viciado em seu começo, nem pelas preocupações do conservantismo social nem pela desconfiança acerca da ciência e da alegria de viver".[41]

Teilhard de Chardin não era político e jamais se preocupou em definir posições políticas. Entretanto, indiretamente, sua obra vai ter implicações políticas profundas para a Igreja, entendida esta como conjunto de fiéis, e não simplesmente uma hierarquia burocratizada de frades e freiras. Ele próprio define a base das

---

[40] Teilhard de Chardin, *Réflexions sur le progrès*, citado por Hubert Cuypers, *op. cit.*, p. 10.

[41] Roger Garaudy, *Perspectivas do homem* (tradução de *Perspectives de l'homme*), Rio de Janeiro, Civilização Brasileira, 1966, p. 206.

A revolução política na Igreja   147

transformações por que passaria a Igreja, em um trabalho de 1933. Afirma então que a Igreja se havia afastado do mundo, que sua doutrina se tornara incompreensível para o mundo, na medida em que Deus foi colocado em oposição ao mundo, cabendo a cada homem a opção entre um e outro. E abre então uma nova perspectiva de caráter tipicamente antropocêntrico, embora sem perder a idéia de Deus:

"Para o homem parecia haver, outrora, apenas duas atitudes geometricamente possíveis: amar o céu ou amar a terra. Eis que, no nosso novo espaço, se descobre um terceiro modo: atingir o céu *por meio* da terra".[42]

E, em seguida, já tira uma conclusão de ordem política da idéia exposta:

"Esse evangelismo já não possui qualquer odor ao ópio que nos acusam (tão amargamente e com certo direito) de ministrar às multidões; nem é sequer, simplesmente, o óleo suavizante, espalhado sobre as chagas e o maquinismo sofredor da humanidade".[43]

Mais importante, porém, do que essa reconciliação com o mundo do qual o homem é feito centro, reconciliação essa que depois se transformaria em uma espécie de *leitmotiv* do pensamento católico, a obra de Chardin é fundamental, na medida em que rompe, de modo ousado e livre, com o velho tomismo, que estrangulava o desenvolvimento das idéias. O tomismo, tanto quanto a autoridade formal do papa, balizava o pensamento dos

---

[42] Teilhard de Chardin, *Christologie et évolution*, citado em *Catolicismo de vanguarda*, p. 24.

[43] *Idem, ibidem.*

148   As revoluções utópicas dos anos 60

católicos, tornando-o ao mesmo tempo tímido e conservador em relação ao mundo novo que surgia. Depois da obra de Chardin, embora não tenha ele construído uma filosofia sistemática e completa como a tomista, os católicos progressistas verificavam a existência de uma alternativa para a filosofia estática e desligada do mundo que até então dominara. Além disso, esse era o pensamento de um cientista que demonstrava em termos elevados a compatibilidade da Ciência com a Fé cristã. E o fazia adotando um método adequado ao conhecimento do mundo moderno — um método, ao mesmo tempo, fenomenológico e histórico. Conforme ele mesmo observa:

"*Nada mais do que Fenômeno*. Não se procure, pois, nestas páginas, *uma explicação*, mas apenas *uma introdução* a uma explicação do Mundo. Estabelecer em volta do Homem, escolhido como centro, uma ordem coerente entre conseqüentes e antecedentes; descobrir, entre elementos do Universo, não um sistema de relações ontológicas e causais, mas uma lei experimental de recorrência que exprima o seu sucessivo aparecimento no decurso do tempo". [44]

É preciso ressalvar, conforme observa muito bem o padre Pieter Smulders, que a concepção de Teilhard de fenomenologia não é a mesma que seria consagrada por Husserl e Sartre. Estes usaram o termo fenomenologia para designar o fenômeno enquanto percebido pela consciência humana, onde encontra valor e sentido. Nesse sentido, a fenomenologia é subjetiva e introspectiva.

"Para Teilhard, ao contrário, a palavra 'fenômeno' mantém sua significação elementar, pré-filosófica: inclui tudo o que se apresenta como um dado objeti-

---

[44] Teilhard de Chardin, O *fenômeno humano*, p. 1.

vo ao conhecimento e à experiência humana. A fenomenologia de Teilhard é antes 'extrovertida', voltada para os fatos objetivos das coisas e do mundo. Está muito aparentada com as ciências naturais."[45]

Ora, tal metodologia e tal liberdade e ousadia de pensamento seriam uma peça importante no processo revolucionário de transformação e libertação por que passaria o pensamento católico nestes últimos vinte anos. O simples fato de usar um método histórico já possuía profundas implicações nesse sentido. A adoção de um método histórico de conhecimento implica no reconhecimento do contínuo processo de transformação por que passa o mundo e na dependência de uma fase histórica em relação a outra, sendo portanto irreconciliável ou, pelo menos, dificilmente reconciliável com uma visão conservadora do mundo, que tende a ser estática.

Além disso, o fato de adotar um método fenomenológico, partindo sempre da observação científica dos fatos e de sua evolução, implicava em um rompimento muito profundo com a metafísica aristotélico-tomista, permitindo inclusive interpretações radicais, como a do marxista soviético Jv. A. Levada:

"Sob o invólucro de uma mística cristã moderna, que não raro se transforma em mera 'cobertura' puramente externa e formal, Teilhard desenvolveu uma série de figurações profundamente materialistas e, por sua natureza, evolucionistas. Formalmente, Teilhard de Chardin permaneceu um membro obediente da Companhia de Jesus; e jamais demonstrou dúvidas sobre nenhum dos pontos da catequese católica. Na realidade, porém, a cristã transcendência divina transformou-

---

[45] Pieter Smulders, *A visão de Teilhard de Chardin* (tradução de *La Vision de Teilhard de Chardin*), Petrópolis, Vozes, 1968, p. 28.

se em sua imanência na natureza e perderam o seu sentido canônico as concepções do pecado, da recompensa além-túmulo etc.".[46]

Não interessa aqui discutir se o filósofo soviético tem razão ou não. Pessoalmente, não endossamos sua análise, mas devemos admitir que é em parte verdadeira. Não foi por acaso que se proibiram as obras de Teilhard de Chardin enquanto ele vivia. Se não chegavam a ser materialistas (seu espiritualismo foi sempre claro e explícito), as idéias de Teilhard de Chardin logravam quase conciliar materialismo e espiritualismo, através de uma concepção imanente de transcendência. A ousadia era, sem dúvida, extraordinária. Ora, essa ousadia, o otimismo e o antropocentrismo de Teilhard, além do método histórico e fenomenológico por ele empregado, abririam novas perspectivas para o pensamento católico do século XX, facilitando sua renovação, inclusive no campo político.

Não se trata aqui de uma simples relação de causa e efeito. Quando estudarmos as causas das transformações revolucionárias por que passa a Igreja, a ponto de a tornarem, não um obstáculo, mas um instrumento se não de revolução pelo menos de reforma profunda no mundo de hoje, e particularmente na América Latina, veremos que Teilhard de Chardin é, inicialmente, mais uma conseqüência do que uma causa dessa transformação. A obra de Chardin seria inconcebível não fora todo o enorme desenvolvimento científico ocorrido nos dois últimos séculos. Mas é claro que sua obra passa a repercutir, e ele se transforma também em elemento ativo do processo histórico de transformação.

A tônica do pensamento católico nestes últimos trinta anos, porém, não foi colocada apenas na redescoberta do mundo moderno, nos termos de Teilhard de Chardin ou do Personalismo de

---

[46] Jv. A. Levada, *Questões da filosofia*, 1962, citado por L. L. Radice, *Diálogo posto à prova*, Rio de Janeiro, Paz e Terra, 1968, p. 90.

Emmanuel Mounier e Jean Lacroix, mas também na tentativa de reconquistá-lo. Esta posição é deixada muito clara pelo padre Montuclard, líder e organizador do movimento *A Juventude da Igreja*, que surge logo após a Segunda Guerra Mundial. Dizia ele, logo após o término da guerra:

"Não basta lamentar que, no decurso do século XIX, a Igreja tenha perdido de fato a classe operária; não basta exaltar as iniciativas missionárias; é necessário querer eficazmente derrubar o obstáculo à missão da Igreja junto aos pobres".[47]

Afirmações como estas revelam o início de uma nova tomada de posição da Igreja, que teria conseqüências profundas no processo de transformação por que ela passaria. A Igreja parecia começar a acordar, depois de um longo torpor. Durante um largo período fizera parte integrante da ordem estabelecida, ao mesmo tempo que contava com o controle religioso tranqüilo das massas populares. De repente, toma consciência de que perdera uma grande parte dos fiéis. Na Europa, e particularmente na França, a deserção fora principalmente do meio operário. Esta descoberta é feita, dramaticamente, com a publicação, em 1943, do livro dos padres H. Godin e Y. Daniel, significativamente intitulado *La France, pays de mission? (França, país de missão?)*. O trabalho missionário agora não mais se restringia aos países não-católicos. Missionários não eram apenas aqueles que partiam para a Ásia, para a África ou para o interior da América Latina. A evangelização devia agora também ser realizada nas regiões que se haviam descristianizado.

A partir dessa idéia surge o movimento dos padres operários, padres que, para reconquistar o terreno perdido, transfor-

---

[47] M. I. Montuclard, "L'Évangile captif", em *Catolicismo de vanguarda*, p. 31.

mam-se em operários, passam a trabalhar nas fábricas e a viver como operários. Com isso não pretendem dedicar-se a um proselitismo vulgar, mas efetivamente conseguir a reconversão dos operários através de um testemunho vivencial e da identificação do padre e da Igreja com a classe operária. A filosofia que orienta a ação dos padres operários foi resumida pelo cardeal Suhard em uma Carta Pastoral, em 1949, nos seguintes termos:

"É de toda vantagem que os padres voltem a ser testemunhas, muito menos para convencerem do que para serem sinais. Já se disse: ser testemunha não é fazer propaganda, nem mesmo impressionar, é *fazer mistério*. É viver de tal modo que a vida, sem a existência de Deus, seja inexplicável. Testemunhas, muito menos pela mudança exterior da sua maneira de viver que pela firme vontade de estabelecer, com as massas deserdadas, uma real comunidade de destino".[48]

A experiência dos padres operários terá um grande impacto dentro da Igreja. Seus resultados, em termos de evangelização, foram provavelmente desprezíveis, mas a inovação que continha provocará imediatamente um grande debate entre os católicos. Era mais um sinal da tentativa, liderada pelos católicos progressistas, de desmarginalizar a Igreja e descomprometê-la com uma ideologia acomodada e conservadora.

Os padres operários logo percebem, porém, que não podiam basear seu trabalho apenas no testemunho. Havia tarefas urgentes a realizar. Não era possível manter-se alienado em relação às reivindicações operárias. E muitos padres começam a participar de organizações sindicais e a agir politicamente em apoio a partidos de esquerda, inclusive o comunista. Como resul-

---

[48] Cardeal Suhard, em *Catolicismo de vanguarda*, p. 83.

tado disso, o movimento *A Juventude da Igreja* do padre Montuclard, e o Seminário da Missão de França são condenados pelo Vaticano em 1953.

Da mesma forma, e antecipando um fenômeno que depois, como já vimos, aconteceu no Brasil, a Ação Católica da Juventude começa cada vez mais a politizar-se. Seus líderes percebem cada vez mais claramente que o apostolado individual, sem que as estruturas econômicas e sociais sejam modificadas, é pouco eficaz, e adotam um posição política cada vez mais marcada, de sentido nitidamente esquerdista. Em 1956, face às pressões cada vez mais fortes da hierarquia contra a Ação Católica da Juventude Francesa, acusada de haver-se transformado num movimento político, esta dissolve-se. Mas pela primeira vez se definia um catolicismo de esquerda de importância.

Até então o máximo de que se ouvira falar fora de catolicismo de centro. Geralmente o catolicismo era de direita. A larga batalha que a Igreja, a partir do século XIX, sustentou contra o movimento liberal — que queria ver a Igreja completamente separada do Estado — para manter seus privilégios, haviam-na mantido politicamente conservadora. A Segunda Guerra Mundial, com o impacto que provoca na Europa, dá uma oportunidade a muitos católicos para repensarem sua posição. Durante muito tempo a Igreja havia sido a própria ordem estabelecida. Com o fim do feudalismo e a emergência política da burguesia liberal, no século XIX, a Igreja havia deixado de fazer parte integrante da classe dominante. Isto, porém, só a faz ainda mais conservadora, na medida em que procurava conservar privilégios, grandes propriedades e subvenções à educação religiosa, por exemplo, que um estado verdadeiramente laico não poderia comportar.

Entretanto, em meados do século XX, a Igreja parece, finalmente, começar a compreender que sua batalha conservadora era inglória, que só a fazia perder terreno, em um mundo em constante mudança. E, conforme observa Emmanuel Mounier, o líder do personalismo,

154 As revoluções utópicas dos anos 60

"hoje, a Igreja retira-se de muitas das querelas em que era, desde a Idade Média, parte litigante".[49]

Em outras palavras, a Igreja, provavelmente, face à inviabilidade patente do projeto, desistia de manter seus privilégios. Admitia que seu poder temporal estava em pleno declínio. Que não tinha mais sentido continuar a defender certas vantagens materiais que já estavam perdidas.

Ora, no momento em que tal fato ocorria, começava a perder sentido a tradicional união da Igreja com a classe dominante. O resultado disto é o surgimento de católicos progressistas que passam, logo após a guerra, a colaborar com a CGT e os próprios comunistas — fato que também se repetiria no Brasil, aproximadamente quinze anos mais tarde. Já em 1949 o Santo Ofício, em resposta a esse movimento, proíbe qualquer colaboração habitual com o Partido Comunista.

A história política do catolicismo francês do pós-guerra é assim ao mesmo tempo de pioneirismo e de condenação pelo Vaticano. Pio XII usou sempre de sua autoridade para coibir os movimentos católicos que assumiam posições políticas revolucionárias de esquerda.

Era difícil, porém, fazer parar a História. As condenações e proibições do Vaticano dificultam o caminho, mas não conseguem interrompê-lo definitivamente. E havia outros movimentos de caráter não-político, mas que também abriam as janelas da Igreja, da comunidade dos fiéis, para o mundo, faziam-na respirar e acabavam por tornar cada vez mais difícil, se não impossível, novamente pô-la sob amarras. Referimo-nos, particularmente, ao movimento bíblico, à volta aos estudos da Bíblia com grande intensidade — estudos esses que, durante tantos anos, a Igreja havia dificultado, temerosa de que fossem feitas outras interpreta-

---

[49] Emmanuel Mounier, "Feu la Chretienté", em *Catolicismo de vanguarda*, p. 214.

ções que não aquelas por ela autorizadas — e ao movimento litúrgico, que procurava tornar a liturgia mais acessível aos fiéis.

Mesmo nesse campo houve condenações, todo movimento que tivesse qualquer caráter progressista era condenado. Conforme observam Domenach e Montvalon,

> "em breve, porém, os avisos e as condenações se abateram sobre os primeiros. Pode dizer-se que, de 1949 a 1959, não houve iniciativa — teológica, litúrgica ou pastoral — que não fosse cerceada".[50]

Sem dúvida, houve movimentos de vanguarda que deixaram de ser condenados. O movimento de Economia e Humanismo do padre Lebret, talvez por ter sabido aliar uma preocupação social a uma preocupação com o desenvolvimento econômico e tecnológico, onde não havia campo para discussão, está nesse caso. Houve outros que tiveram constantemente de manter-se na corda bamba, procurando equilibrar-se para não serem condenados nem traírem suas próprias convicções.

---

[50] *Op. cit.*, p. 415.

IV.
A REVOLUÇÃO DE JOÃO XXIII

O campo, porém, estava aberto para a liberalização e mesmo a transformação da Igreja. O gérmen fora lançado. O meio ambiente lhe era favorável. O advento da extraordinária figura de João XXIII produz o milagre. Nos poucos anos de seu papado a Igreja se transforma. São publicadas duas encíclicas sobre a questão social e as relações entre os povos, respectivamente a *Mater et Magistra* e a *Pacem in Terris*, as quais, embora não trouxessem nenhuma inovação radical[51] — a não ser a autorização aos católicos de dialogarem e colaborarem com não-cristãos — abrem, todavia, novas perspectivas e dão um novo impulso à ação da Igreja — do clero e dos leigos — no campo social e político. As encíclicas, realmente, procuravam manter-se o mais possível fiéis à linha tradicional da Igreja a respeito da questão social, nos termos em que o problema fora inicialmente colocado por Leão XIII na *Rerum Novarum*. Além disso, no plano formal, ao redigir suas encíclicas, João XXIII procurou manter-se fiel a seu predecessor. Na *Pacem in Terris*, por exemplo, a pessoa de longe mais citada, com trinta citações, é Pio XII. São citadas especialmente suas Radiomensagens de Natal.

Não obstante esse caráter relativamente conservador — que inclui a reafirmação do direito à propriedade privada até dos bens

---

[51] Esta não é, por exemplo, a posição do padre Eugène Charbonneau. Se examinarmos, porém, seu excelente resumo das inovações que essas duas encíclicas trouxeram, verificaremos que, realmente, não houve inovações radicais. Paul-Eugène Charbonneau, *Desenvolvimento dos povos*, São Paulo, Herder, 1967, pp. 51-5.

de produção —, as encíclicas de João XXIII são importantes porque atualizam a doutrina social da Igreja. Nelas são tratados problemas como os do desenvolvimento econômico e da desigualdade entre os povos que, depois, a *Populorum Progressio* examinaria mais a fundo, como a participação dos operários na direção das empresas, a organização sindical, o divórcio entre a propriedade e a direção das empresas, a necessidade da intervenção crescente do Estado, a reforma agrária, a explosão populacional, a Declaração Universal dos Direitos Humanos, a comunidade mundial, o desarmamento etc.

Mais importante, porém, do que suas encíclicas é a própria personalidade de João XXIII. O contraste com seu antecessor, Pio XII, aristocrático, autoritário, severo, distante, é enorme. João XXIII é em tudo o oposto a isto. Caracterizam-no a humanidade, a simplicidade, a abertura para o mundo. Enquanto Pio XII se preocupava, fundamentalmente, em segurar e controlar o movimento de liberalização da Igreja, mantendo-o dentro dos limites por ele considerados aceitáveis, João XXIII adota uma atitude oposta. O sentido fundamental de seu papado é o do estímulo ao diálogo, seja o diálogo com os não-católicos, principalmente com os marxistas, seja o diálogo entre os católicos através do Concílio. E assim, sob sua chefia, a Igreja Católica respira, renova-se, sacode suas amarras.

Resultado direto dessa liberalização é o diálogo que logo tem início entre católicos e marxistas — diálogo esse cuja validade seria logo depois reafirmada por Paulo VI na *Ecclesiam Suam* — através de uma iniciativa editorial — publicação na Itália, em 1964, de um livro em que marxistas e católicos se alternam no debate.[52] Ocorrem depois uma série de debates de caráter internacional a partir de 1965. Os mais importantes deles são os organizados em Salzburgo cm maio de 1965, em Herrenchiemsee

_____

[52] *Diálogo posto à prova* (tradução de *Il dialogo alla prova*), Rio de Janeiro, Paz e Terra, 1968 [1964].

(também na Alemanha Ocidental) em maio de 1966, e em Marianske Lazne, Tchecoslováquia, em abril de 1967. O título de cada um desses encontros foi, respectivamente, "Cristianismo e Marxismo, Hoje", "A Humanidade Cristã e o Humanismo Marxista" e "A Criatividade e a Liberdade na Sociedade Humana". Mas o diálogo não se limitou apenas a essas reuniões. Católicos são convidados a participar de conferências marxistas; intelectuais marxistas vêm discutir em seminários católicos. O ponto de partida são sempre as grandes semelhanças entre o humanismo cristão e o humanismo marxista. Do lado dos católicos salientam-se as origens revolucionárias e comunitárias da Igreja anteriores a Justiniano. Do lado dos marxistas ressaltam-se, dentro de uma perspectiva histórica, as modificações por que passou a Igreja nos últimos tempos. Fazem-se concessões mútuas. Jean Lacroix, por exemplo, um dos mais importantes pensadores católicos contemporâneos, faz uma síntese da teoria da alienação e da *práxis*, na qual se pode entrever uma clara atitude favorável em relação ao marxismo:

"O homem tem, assim, um objetivo real: sua libertação, o escape à falsa categoria do *ter*, que torna *impossível* toda relação humana autêntica e o coloca sob o jugo de um poder ao qual não pode fugir: o aliena. De sua alienação à sua redenção, toda uma marcha progressiva amplia suas possibilidades, tornando-o cada vez mais livre. É este o sentido da *práxis* e este o objetivo do marxismo: regenerar o homem".[53]

Por outro lado, respondendo à tentativa de aproximação dos católicos, os marxistas abandonam sua condenação sumária

---

[53] Jean Lacroix, "O homem marxista" (capítulo do livro *Marxisme, existencialisme et personnalisme*), revista *Paz e Terra*, n° 1, jul. 1966, pp. 127-8.

A revolução política na Igreja

de todas as religiões, a ponto de o líder do Partido Comunista Italiano declarar em março de 1963:

"Não é verdade que a consciência religiosa traga, necessariamente, obstáculos à compreensão e à realização dos deveres e perspectivas (da construção do socialismo) e à adesão a este combate".[54]

O sentido dessa manifestação é claro. Mais do que uma simples manobra tática por parte dos comunistas italianos, em um país em que o catolicismo continua poderoso, essa tomada de posição de Togliatti era um reconhecimento oficial de que a Igreja, especialmente na medida em que era representada pelo crescente número de católicos progressistas, modificara-se, deixara de ser a grande inimiga e, se ainda não se transformara em aliada, poderia vir a sê-lo.

O grande legado de João XXIII, porém, é o Concílio Vaticano II, que depois caberia a Paulo VI completar. O Concílio tem uma extraordinária importância na história da Igreja, e mesmo na história do mundo, na medida em que a Igreja Católica, apesar de todas as limitações que seu poder e sua influência vêm sofrendo nos últimos dois séculos, conserva ainda uma enorme importância na definição dos destinos da sociedade moderna. Durante quatro anos cerca de dois mil bispos, provenientes de todo o mundo (e não quase exclusivamente da Europa, como aconteceu com os concílios anteriores), discutiram os problemas fundamentais de fé, da Igreja e de sua relação com o mundo moderno. Depois desse extraordinário esforço seria impossível imaginar que dele não decorressem conseqüências profundas para essa mesma Igreja e para cada um de seus membros.

A decisão de João XXIII de convocar o Concílio foi um ato

---

[54] Palmiro Togliatti, discurso em Bérgamo, citado em Roger Garaudy, *Do anátema ao diálogo*, Rio de Janeiro, Paz e Terra, 1966, p. 75.

de extraordinária coragem e abertura. Desde o Vaticano I, quando fora definida a infalibilidade do papa, o mundo acostumara a ver a Igreja como uma pirâmide monolítica, encimada pela Cúria e pelo papa, que ditava verdades soberanamente, sem a menor participação dos bispos e dos padres. João XXIII, ao convocar o Concílio, pede a colaboração dos bispos, delega-lhes uma grande parte de sua autoridade, arrisca-se a ver essa delegação mal usada. João XXIII, porém, era um homem que acreditava nos outros homens. E preferiu arriscar porque só assim poderia alcançar os dois grandes objetivos a que se propusera: o diálogo e a modernização — o *aggiornamento*. Compreendia, claramente, que era preciso reconciliar a Igreja com o mundo moderno, para com ele poder dialogar. Foi por isso que sempre deixou claro que seu concílio deveria ser um concílio *pastoral*. Conforme observa o cardeal Garrone,

"o papa pedia que, em vez de repetir, de limar os enunciados, os padres se colocassem perante o mundo tal como é, para indagar o modo de lhe falar, procurando uma linguagem que ele entendesse; que se colocassem, queria o papa, perante a realidade das coisas e dos homens e procurassem dizer, em termos inteligíveis e atraentes, o que é a Igreja e o que ela tem para dizer".[55]

Depois de terminados os trabalhos, os textos do Concílio compõem-se de dezesseis textos, sendo quatro constituições, três declarações e nove decretos.[56] Entre esses documentos dois são fundamentais — a Constituição sobre "A Igreja", *Lumen Gentium*, e a Constituição sobre "A Igreja e o Mundo Moderno",

---

[55] Cardeal Garrone, *O Concílio, orientações* (tradução de *Le Concile, orientations*), Lisboa, Edições Paulistas, 1968, p. 18.

[56] Todos os textos do Concílio traduzidos em português encontram-se em *Compêndio do Vaticano II*, Petrópolis, Vozes, 1987.

A revolução política na Igreja   161

Gaudium et Spes. O importante teólogo jesuíta alemão K. Rahner resumiu o Concílio nos seguintes termos:

> "[...] reforma litúrgica; o diálogo ecumênico, a ordem permanente dos diáconos; o Colégio Episcopal em ação conjunta e eficiente; a reforma prometida da Cúria Romana; a elaboração do Código de Direito Canônico dentro do espírito conciliar; a renovação dos seminários e da vida sacerdotal; a atualização dos religiosos e religiosas dentro do espírito de fidelidade à vocação religiosa e à nova exigência dos tempos; a permissão aos leigos de exercerem o múnus que o Concílio lhes atribui e deles exige; o apostolado bíblico que permite o encontro dos homens de hoje com a revelação viva de Deus; as missões; a liberdade religiosa; a Igreja dos pobres finalmente realizada".[57]

Talvez, porém, mais significativo do que essa enumeração dos principais temas tratados pelo Concílio seja o título do livro de Rahner: *Vaticano II, um começo de renovação*. Esse título define muito bem o que foi o Concílio. Não ocorreu dentro dele uma renovação completa da Igreja. Ocorreu, porém, um começo de renovação, uma abertura para a renovação que, depois, teria profundas conseqüências na vida da Igreja. Durante o Concílio travou-se uma verdadeira batalha entre os bispos renovadores, progressistas, principalmente bispos franceses, holandeses e alemães, que desejavam reformas profundas na Igreja, facilitando o ecumenismo, tornando sua doutrina mais flexível e adaptada ao mundo contemporâneo; e o grupo conservador, senão integrista, que, baseado na Cúria Romana e no execrado Santo Ofício, cujo título foi depois mudado para Congregação da Doutrina e da Fé, pre-

---

[57] K. Rahner, *Vaticano II, um começo de renovação*, São Paulo, Herder, 1966, p. 26.

tendia conservar a Igreja presa à tradição medieval, ignorando toda a transformação por que passou o mundo nos últimos séculos.

Essa batalha estava presente em todos os momentos do Concílio, embora tenha-se tornado aguda em alguns momentos, quando foram tratados problemas como o da colegialidade episcopal, através do qual se pretendia dar maior poder aos bispos e limitar o do papa; o das fontes de revelação (maior ênfase às Escrituras ou à Tradição); o da liturgia mais ou menos acessível aos homens; o da Santíssima Virgem e seu papel na doutrina católica; o da liberdade religiosa; o do celibato dos sacerdotes; o do controle da natalidade; o das armas atômicas.

A respeito de todos esses problemas, porém, não pôde o Concílio tomar decisões radicais, que implicassem em uma profunda renovação, não obstante a maioria dos bispos no Concílio fosse claramente renovadora. E isto não foi possível, em virtude das próprias contingências de funcionamento de uma grande assembléia pública, ou da política decididamente adotada por Paulo VI de moderar o Concílio e conseguir sempre a unanimidade nas decisões. Realmente, enquanto João XXIII, na primeira sessão do Concílio, o deixou caminhar com plena liberdade, Paulo VI, desde o início, manifestou claramente sua posição de buscar a unanimidade, de favorecer reformas, desde que moderadas, preservando a autoridade da Igreja e de seu chefe, e não quebrando com a tradição de forma violenta, nem deixando a doutrina imprecisa, ao arbítrio da consciência individual.

Nesses termos, se examinarmos os textos oficiais do Concílio, nada encontraremos de realmente revolucionário. O espírito do Concílio, porém, era revolucionário, e suas conseqüências seriam revolucionárias, não obstante o esforço moderador de Paulo VI. E a Igreja pós-conciliar entraria em plena ebulição a partir da ação dos católicos progressistas. A doutrina começaria a ser revista com uma audácia crescente, problemas como o do pecado, do inferno, dos anjos, dos milagres, dos santos, da obrigatoriedade da missa etc. passariam a ser discutidos com uma liberdade cada vez maior. O Catecismo Holandês, condenado em vários itens pelo papa, é um excelente exemplo disso.[58] A chamada "contestação católica" manifestar-se-ia em todo o mundo, sob as mais diversas formas. No campo teológico, uma ênfase cada vez maior é colocada na consciência individual e na revelação bíblica, livremente interpretadas, fazendo o catolicismo aproximar-se do protestantismo; no campo litúrgico, tentativas cada vez mais ousadas de aproximar os fiéis da Igreja e de sua mensagem; no campo organizacional, revoltas freqüentes de padres e freiras contra seus respectivos bispos; no campo político, uma participação cada vez mais ativa e mais radical de padres e leigos católicos em movimentos de caráter revolucionário de base doutrinária marxista mais ou menos ortodoxa.

São essas manifestações políticas, são essas transformações da Igreja no campo político que nos interessam diretamente neste trabalho, mas é evidente que elas estão intimamente relacionadas com as demais transformações por que vem passando a Igreja, e que no período pós-conciliar ganharam um ímpeto muito maior.

Alguém poderia objetar que essas transformações, essa liberalização, esse reencontro com o mundo, esse *aggiornamento*, esse borbulhar de idéias teológicas, morais e políticas são um fenômeno limitado. Não poderíamos, segundo esse ponto de vista, dizer que é a Igreja que está atravessando essa fase, mas uma minoria dentro dela. Não se trata, porém, de minoria. É claro que as manifestações mais radicais são de uma minoria. Mas as transformações, em suas linhas mestras, atingem uma grande parcela da Igreja — do clero e dos leigos. E hoje a Igreja encontra-se inclusive ameaçada de divisão. Conforme observa o cardeal Garrone,

"entre os motivos aparentes de inquietação existem: a exploração partidária do Concílio; opiniões que toma-

---

[58] Cf. *O novo catecismo* (tradução de *De Nieuwe Katechismus*), redigido pelo Instituto Catequético Superior de Nijmega, por ordem dos bispos holandeses, São Paulo, Herder, 1969.

ram freios nos dentes; a ruptura da tradição e, finalmente, a conversão para o mundo que parece inverter a corrente evangélica... O Concílio é visto como uma arena... a tal ponto que se constrói uma 'teologia de direita' — ortodoxa pura e simples para uns, para outros integrismo absoluto; e uma 'teologia de esquerda' — qualificada aqui como progressista, considerada além como simples fidelidade ao progresso da revelação".[59]

Em outras palavras, tomando emprestado do jargão político expressões como "esquerda" e "direita", a Igreja entra em conflito interno. O Concílio, apesar da moderação de seus textos oficiais, deu o sinal verde para que os católicos de vanguarda partissem, cada vez mais ousadamente, para um processo de renovação da Igreja. E os renovadores no campo teológico, moral e litúrgico, organizacional são, freqüentemente, também os renovadores no campo político. De forma que o Concílio, embora não tratasse de problemas políticos, teria uma importância muito grande nesse processo de transformação política da Igreja — e particularmente da Igreja da América Latina — que, de baluarte da ordem estabelecida, iria se transformar em agente reformista e, muitas vezes, revolucionário mesmo.

A ebulição das idéias pós-conciliares chegou a um tal ponto dentro da Igreja que o papa Paulo VI, vendo sua autoridade e a própria ortodoxia de fé ameaçadas, abandonou em grande parte aquela posição de mediador entre as duas correntes para tomar posição clara, ainda que sempre moderada, em defesa da estabilidade da Igreja enquanto instituição de seu sistema de autoridade hierárquica, e do caráter absoluto de sua doutrina e moral, nos termos em que foram transmitidos pelas Escrituras e pela Tradição. E é dentro desse quadro que devemos compreender encíclicas como a *Mysterium Fidei*, sobre a Eucaristia, a *Sacerdotalis Coeli-*

---

[59] *Op. cit.*, pp. 152-4.

batus, reafirmando o celibato dos padres, e a *Humanae Vitae*, que proibiu o uso da pílula anticoncepcional e provocou violenta reação em todo o mundo, dado o anacronismo dessa proibição. É dentro desse quadro de crise também que deve ser compreendido o pronunciamento do papa, na Catedral de São João de Latrão, durante a missa de Quinta-Feira Santa de 1969:

> "Como pode ser uma Igreja, que é um povo unido, quando um fermento praticamente de cisma a divide e subdivide, rompe-a em grupos ligados, mais que nada, a uma autonomia basicamente egoísta e arbitrária, disfarçada de pluralismo cristão ou liberdade de consciência?".[60]

Fazemos esta citação de Paulo VI como poderíamos ter feito muitas outras, porque são inúmeros seus pronunciamentos nesse sentido. Em todos eles o papa revela sua extrema preocupação com os destinos da Igreja. Neste trabalho não nos interessa discutir até que ponto o papa tem ou não razão — até que ponto estão ou não ameaçados os destinos da Igreja. É indiscutível, porém, que o processo de renovação da Igreja e de reencontro com o mundo é irreversível — é tão irreversível quanto é condição de sua própria sobrevivência. Poderá haver exageros, excessos, mas parece-nos claro que, ou a Igreja se renova, ou irá aprofundando-se em um processo de decadência, de perda de influência e significação para o mundo e para os homens, processo esse que já teve início há tempo. Essa renovação terá que ocorrer e já está ocorrendo inclusive na área política, pois é inútil, se não absurdo, pensar na Igreja alheia à política. Examinaremos agora as causas dessa renovação política da Igreja dentro desse quadro de referências: o de ser a renovação uma condição de sobrevivência da própria Igreja.

---

[60] Citado em *A Tribuna*, 4/4/1969.

V.
CONDIÇÕES DA REVOLUÇÃO

Traçamos até agora um amplo quadro das transformações por que vem passando a Igreja nestes últimos anos. Nossa preocupação fundamental é com as transformações políticas, mas tivemos também que nos referir a transformações no campo da teologia, da moral, da liturgia, porque todos esses aspectos estão intimamente inter-relacionados.

Estamos mais preocupados com a transformação política da Igreja na América Latina, já que nos demais continentes a transformação política foi de menor importância, mas nos vimos obrigados a falar longamente de fenômenos que vêm ocorrendo em um plano universal, porque só assim as que aqui se realizam ganham sentido.

Vamos agora nos restringir à América Latina, onde a Igreja Católica vem se desvinculando de maneira particularmente rápida de seus compromissos com os grupos dominantes. E, dentro desse âmbito, cabe perguntar: quais são as causas dessa transformação?

Em grande parte esta pergunta já está direta ou indiretamente respondida em toda a análise anterior. A importância do problema é tão grande, porém, que merece uma discussão mais aprofundada. O estudo das causas dos fenômenos sociais não é apenas importante enquanto torna o fenômeno mais compreensível. Quando observamos a existência de mudança social e política, a identificação das causas para essa mudança, constituídas pela superveniência de acontecimentos historicamente identificáveis, dá à mudança um significado muito maior. Foi partindo dessa premissa que, quando analisamos a revolução estudantil, nos preocupamos em identificar os fatos novos que tornavam essa

A revolução política na Igreja   167

revolução um acontecimento político e social fundamental dentro do mundo moderno. É com o mesmo pressuposto que procuraremos verificar se houve fatos novos que causaram a transformação da Igreja.

Em primeiro lugar, é preciso observar que a revolução estudantil e o processo de transformação da Igreja — que a faz um instrumento de mudança social e política, se não revolucionária (a não ser em seus setores mais radicais), pelo menos decisivamente reformista e contrária ao sistema capitalista vigente na América Latina — são fenômenos inter-relacionados. Muitos dos grupos estudantis mais radicais são constituídos de católicos. Não obstante o caráter freqüentemente fechado, antiquado e mesmo retrógrado da maioria dos seminários católicos na América Latina, que só recentemente começaram a se atualizar e se abrir, os padres jovens pertencem à mesma geração dos estudantes que hoje ameaçam a ordem estabelecida em todo o mundo.

Esses fatores, porém, explicam de forma periférica as transformações da Igreja. Embora relacionados, não pretendemos afirmar que as causas da revolta estudantil e das transformações na Igreja sejam as mesmas.

Não tem também sentido dar excessiva importância ao Concílio, ou à renovação teológica, ou à nova liturgia, ou às novas encíclicas sociais, ou ao movimento dos padres operários, ou à tentativa de reintegrar os leigos na Igreja como seus membros ativos. Todos esses problemas, que já examinamos em suas linhas mais gerais, são importantes para a compreensão do papel da Igreja no plano político. Não podem, porém, ser entendidos como causas da revolução política por que vem passando a Igreja na América Latina. Na verdade, essas transformações e as de natureza política fazem parte de um mesmo fenômeno. E, naturalmente, reforçam-se mutuamente. É, por exemplo, muito mais fácil para um católico adotar posições políticas revolucionárias quando tem em sua retaguarda uma concepção do mundo como a de Teilhard de Chardin ao invés da tomista, ou o Concílio Vaticano II ao invés do Vaticano I. Mas nem Teilhard de Chardin nem o Concílio conduzem necessariamente a posições políticas radicais. E ambos esses fenômenos, assim como todas as demais transformações por que vem passando a Igreja no mundo contemporâneo, demandam uma explicação.

Não nos parece também legítimo atribuir essas transformações políticas ao espírito revolucionário de justiça, de pobreza e de vida comunitária do cristianismo dos primeiros séculos. Existem sem dúvida no cristianismo, quando interpretado ao pé da letra, muitos aspectos revolucionários. É realmente difícil reconciliar a caridade, o amor ao próximo, com a estrutura de propriedade e o sistema de privilégio imperante nos países latino-americanos. A rebelião e o sacrifício pessoal de Camilo Torres foram feitos exatamente em nome dessa visão do cristianismo. Os Evangelhos possuem muitas facetas. Interpretados sob um ponto de vista, podem ser vistos como um apelo à paciência, ao conformismo, à resignação. Vistos sob um outro ângulo, porém, podem ser interpretados como uma mensagem de amor, justiça e vida comunitária, a qual, quando posta em confronto com uma dada realidade social e política, pode transformar-se para muitos em uma mensagem revolucionária.

Esta, aliás, é a posição de Nicolas Berdiaev, o filósofo ortodoxo russo que, depois de uma fase marxista, havendo inclusive participado da Revolução Comunista de 1917, converteu-se ao cristianismo e acabou sendo exilado. Ao mesmo tempo, porém, que conservava sua fé cristã, mantinha sua posição politicamente radical, colocando suas esperanças na revolução, cujo modelo, em última análise, era a Revolução Russa, apesar de seus desvios, que ele criticou duramente. Conservando sua fé no socialismo e na revolução, Berdiaev encontrou uma base para a ação revolucionária no cristianismo. Embora vivesse em uma época em que as igrejas cristãs — católica, protestante ou ortodoxa — estavam ainda profundamente comprometidas com a defesa do *status quo*, afirmava que o cristianismo é sempre revolucionário, na medida em que visa a uma transformação e renovação do homem e da sociedade.

A revolução política na Igreja   169

Essa mesma posição, identificando o cristianismo com a revolução, é adotada por um protestante, Richard Shaull, que, depois de analisar o comprometimento histórico do cristianismo com a ordem estabelecida, afirma:

> "Na medida em que formos capazes de ver a nossa história à luz da história bíblica, poderemos até nos sentir em casa em meio à Revolução... numa perspectiva cristã, o processo revolucionário é uma realidade que não admite ser ignorada".[61]

Para justificar sua posição, cita uma série de razões, entre as quais o caráter revolucionário do messianismo bíblico e o caráter histórico-dinâmico da ação de Deus, na forma em que ela é apresentada na Bíblia.

Ora, não há dúvida de que é possível realizar essa identificação do cristianismo com a revolução. Revoluções buscam antes de mais nada a justiça, e a justiça é uma preocupação central do cristianismo. Além disso, em suas origens o cristianismo foi, sem dúvida, revolucionário. Entretanto, depois disso e durante tantos séculos, o cristianismo identificou-se com a ordem estabelecida e sacralizou-a; não teria sentido, agora, pretendermos explicar as transformações profundas por que vem passando a Igreja Católica com base no pretendido caráter intrinsecamente revolucionário do cristianismo.

Esta seria uma posição a-histórica, que não se coadunaria com a metodologia de análise que estamos procurando adotar neste trabalho. Ao invés disso, e da mesma forma que fizemos com o caráter idealista e descomprometido da juventude, quando analisamos as causas da revolução estudantil, preferimos considerar a preocupação com a justiça e com o amor do cristianis-

---

[61] Richard Shaull, *As transformações profundas à luz de uma teologia evangélica*, Petrópolis, Vozes, 1966, pp. 27-8.

mo como uma causa permanente, como uma condição necessária e básica, mas não suficiente, das transformações por que vem passando a Igreja. Para as causas profundas, históricas dessa transformação, deveremos ir buscar, também como fizemos no caso da revolução estudantil, os fatos novos historicamente significativos que possam ter causado essas transformações. Esses fatos novos são a deserção das elites da Igreja, com o conseqüente fim da Cristandade, e, no caso particular da América Latina, o recrudescimento da concorrência do protestantismo e das religiões mediúnicas.

VI.
AS CAUSAS DA REVOLUÇÃO

Já deve ter ficado claro pela análise que realizamos anteriormente que a causa fundamental das transformações por que vem passando a Igreja está intimamente relacionada com um fenômeno que poderíamos chamar de "fim da Cristandade". Ainda em 1946 Emmanuel Mounier declarava em um artigo que intitulou "A agonia do Cristianismo":

"O Cristianismo não está ameaçado de heresia: já não apaixona o bastante para que tal aconteça. Está ameaçado por uma espécie de apostasia, silenciosa, causada pela indiferença que o rodeia e pela sua própria inadvertência. Estes sinais não enganam; a morte aproxima-se; não a morte do cristianismo, mas a morte à cristandade ocidental, feudal e burguesa. Mais cedo ou mais tarde, há de nascer uma nova cristandade, de novas camadas sociais e de novos enxertos extra-europeus; mas não devemos asfixiá-la sob o cadáver da outra".[62]

Entendemos por Cristandade um sistema social e político em que o poder é exercido em nome do cristianismo. Em sua mais pura forma, o poder político e o religioso se confundem. Nesses termos, o momento áureo da Cristandade é a Idade Média. Com

---

[62] Emmanuel Mounier, "L'Agonie du Christianisme", *Esprit*, mai. 1946, citado em *Catolicismo de vanguarda*, p. 30.

o início da Idade Moderna a Cristandade é abalada, de um lado pela Reforma protestante e de outro pelo advento das monarquias absolutas. A Reforma, porém, era cristã, e os monarcas absolutos, embora alijando o clero do exercício direto de poder, mantinham uma estreita aliança com a Igreja, que afirmava e sacralizava o poder divino dos reis, em troca de um grande número de privilégios.

Nesses termos, até o surgimento do Iluminismo e da Revolução Francesa, a Cristandade se manteve basicamente incólume. O clero, tanto católico como protestante, era parte integrante do sistema de poder. A Igreja, ao defender a ordem estabelecida, estava defendendo diretamente o seu prestígio e o seu poder, já que não havia conflito de interesses entre essa ordem e a Igreja. Com o Iluminismo, porém, a Igreja, particularmente a Igreja Católica, sofre um profundo abalo. O grande inimigo dos filósofos revolucionários do século XVIII era a religião católica, na medida em que verificavam que era ela o baluarte do sistema de privilégio e opressão vigente. Conforme observa o padre José Comblin,

"o Iluminismo não foi propriamente anti-religioso nem anticristão, mas lutou para superar e eliminar as religiões positivas, isto é, as Igrejas estabelecidas com todo o seu sistema institucional, dogmas, ritos, preceitos positivos, pretendendo promover uma religião 'natural', com a moral 'natural'... os temas religiosos do Iluminismo são os seguintes: os dogmas são fábulas; os ritos são superstições; a moral é hipocrisia; o clero é impostura organizada".[63]

A filosofia iluminista influenciou profundamente o mundo moderno, ao mesmo tempo que serviu de lastro ideológico para a

---

[63] José Comblin, *Os sinais dos tempos e a evangelização*, São Paulo, Duas Cidades, 1968, p. 96.

ascensão ao poder político da burguesia. Esta, porém, assim que se viu no poder, procurou imediatamente o apoio da Igreja, e o obteve, embora nem sempre de boa vontade. Na verdade, a aliança entre a burguesia e a Igreja nunca foi tão profunda e sólida quanto a aliança da Igreja com a aristocracia. Havia sempre por parte da Igreja uma espécie de nostalgia dos velhos tempos em que seu poder e seu prestígio eram incontestáveis. Essa nostalgia de poder, que transformava a Idade Média em uma espécie de paradigma de organização social e política, pode ser ainda hoje encontrada em certos setores particularmente conservadores da Igreja. E mesmo em setores que se pretendem progressistas, observa-se, freqüentemente, uma ingênua admiração pela Idade Média.

A aliança entre a Igreja e a burguesia foi, portanto, sempre precária. Não há melhor prova disso do que as freqüentes condenações dos papas ao liberalismo econômico. Mesmo Leão XIII, mais de um século depois da Revolução Francesa, continuava a condenar acerbadamente a ideologia oficial da burguesia. Esta, por sua vez, embora aceitando o apoio da Igreja, ia ao mesmo tempo reduzindo o seu poder temporal. A longa luta travada a respeito da escola leiga exemplifica bem essa atitude da burguesia. Estávamos, portanto, diante de uma espécie de matrimônio a contragosto. A aliança interessava tanto à Igreja, que assim mantinha uma parte de seu poder e de suas bases econômicas, quanto à burguesia, que continuava a ter suas instituições sacralizadas. Mas a burguesia não estava mais disposta a conceder à Igreja a posição preeminente que antes ocupava. E com isso não se conformava a Igreja, que se lembrava dos tempos em que era parte integrante e necessária do poder.

O século XIX assiste assim a um processo de destruição da Cristandade. Esta continuava a subsistir, mas combalida, sem o antigo vigor. Durante o século XX receberá ela seu golpe de morte com o surgimento das grandes burocracias estatais e a conseqüente melhor organização do Estado.

A relação entre os dois fenômenos pode ser expressa da seguinte maneira. As religiões sempre foram importantes para as classes dominantes na medida em que sacralizavam a ordem estabelecida. Em sociedades debilmente organizadas, era extremamente importante adicionar, à força coercitiva do Estado, a força moral da Igreja. Esta, com os conceitos de céu, inferno, pecado, possuía uma poderosa força coercitiva. Durante muito tempo foi praticamente a única força coercitiva que garantia um mínimo de ordem e estabilidade às sociedades. Depois, com a emergência do Estado moderno, a partir das monarquias absolutas, passou a se constituir em uma força coercitiva auxiliar. No século XX, porém, quando o Estado se burocratiza e as sociedades alcançam um grau relativamente alto de organização e racionalização, o papel da Igreja de sacralizar a ordem estabelecida e dar-lhe estabilidade perde, em grande parte, o sentido.

Esse fenômeno é acentuado pelo surgimento, desde o século XVIII e através dos séculos XIX e XX, de ideologias leigas como é o caso do liberalismo, do marxismo, do fascismo, dos diversos tipos de nacionalismo, do militarismo, que permitem aos Estados organizarem-se sem necessidade da aprovação de uma religião. Algumas dessas ideologias são nitidamente agressivas em relação à Igreja e por isso são violentamente combatidas. É o caso do liberalismo e do marxismo. Outras, porém, são mais sutis, embora venham a ter o mesmo efeito de tornar socialmente dispensável a religião. Esse é, particularmente, o caso do tecnocratismo — a ideologia por excelência do século XX. Essa ideologia não tem arautos definidos, não tem inimigos declarados, não tem um corpo de doutrina perfeitamente determinado, não prega nenhum sistema de organização política, social e econômica exclusivo. É, porém, uma ideologia de extraordinária importância no mundo atual, na medida em que é um sistema de valores e crenças políticas partilhado por um imenso número de pessoas. Parte de uma crença básica: a crença na ciência, na técnica e na organização. Tem um objetivo fundamental: o desenvolvimento econômico, o uso o mais eficiente possível de recursos econômicos escassos. Tem uma receita básica para que esse objetivo seja alcançado: a entrega do poder político a técnicos e administradores

A revolução política na Igreja

profissionais. Também no tecnocratismo não há papel reservado para a religião.

Dentro de um esquema como esse, que naturalmente foi fortalecido pelo surgimento, neste século, das grandes burocracias estatais, à medida que o Estado se tornava o principal responsável pelo desenvolvimento econômico e social dos povos, a aliança entre a classe dominante e a Igreja tornava-se cada vez menos necessária. Este fato foi parcialmente notado por Richard Shaull quando observou:

"O desmoronamento da Cristandade e o processo de secularização, que solapou a autoridade da Igreja, transferiram esta tarefa de salvar o *status quo* às novas ideologias e aos movimentos seculares, deixando assim a Igreja novamente livre para ser, uma vez mais, uma força revolucionária".[64]

Nesta passagem, embora observando o fenômeno, Richard Shaull faz uma inversão idealista típica. Atribui a transferência da tarefa de salvar a ordem estabelecida para ideologias e movimentos seculares ao desmoronamento da Cristandade, quando foi o inverso o que ocorreu. A Cristandade deixou definitivamente de existir quando o Estado e as ideologias se tornaram capazes de substituir a religião na tarefa de fazer cumprir-se o sistema de normas da sociedade, tornando dispensável a sacralização das mesmas, assim como seu relacionamento com o pecado e a ameaça do fogo do inferno. Aliás, essa perda da função social do pecado provavelmente explica, em grande parte, o desprestígio desse conceito, assim como do conceito de inferno e de demônio, entre os católicos progressistas de hoje.

No momento em que a Igreja deixou de ser necessária para sacralizar a ordem vigente, terminou a Cristandade. Durante um

---

[64] Richard Shaull, *op. cit.*, p. 16.

século e meio, a partir da Revolução Francesa, a Igreja Católica combateu as novas idéias e repudiou o mundo moderno, numa tentativa frustrada de recuperar os antigos privilégios e vantagens. A motivação fundamental de seu combate ao liberalismo econômico, por exemplo, não era o caráter injusto do mesmo, mas o fato de que o liberalismo viera prejudicar seus interesses temporais. Em outras palavras, a Igreja não era mais parte integrante do poder, mas se aliava aos poderosos para tentar recuperar ainda que uma parcela do seu antigo poder. Não se acostumara com a idéia do fim da Cristandade e procurava inutilmente fazê-la reviver.

Dentro desse contexto torna-se compreensível a afirmação muito significativa de Emmanuel Mounier, já citada, de que hoje a Igreja retira-se de muitas das querelas em que era, desde a Idade Média, parte litigante.

De fato, no momento em que a Igreja começou a tomar consciência de que seus interesses não eram mais necessariamente idênticos aos da burguesia, que a Cristandade havia terminado e que a recuperação do poder temporal através da aliança com a classe dominante era inviável, dado, inclusive, o desinteresse dessa classe em obter o apoio da Igreja, enfim, que era inútil manter-se como parte litigante de uma luta para conservar velhos privilégios, tem início o atual processo revolucionário de transformação da Igreja, que de baluarte da ordem estabelecida se transforma, sob certos aspectos, em ameaça a essa mesma ordem.

Embora esse fato não seja particularmente lisonjeiro para a Igreja, parece-nos claro que esta se transformou politicamente menos por motivos de ordem idealista — afinal a Igreja sempre pactuou com todos os tipos de exploração por parte da classe dominante — e mais porque foi abandonada por essa classe dominante.

Essa deserção das elites foi particularmente clara no caso da América Latina. Na Europa, ela também ocorreu, mas lá talvez tenha sido mais significativa a apostasia da classe operária. O ateísmo atingiu muito mais profundamente as classes operárias européias do que as classes baixas latino-americanas. Na Europa,

A revolução política na Igreja

as lutas políticas, a partir do Iluminismo, em torno da religião, dividiram as elites. Uma parte não só optou pelo ateísmo, mas o fez de forma militante. Já a outra parte conservou sua fé na Igreja — e ainda hoje o sustentáculo da Igreja Católica, na maioria dos países europeus, está em certas camadas da burguesia. Os debates com os grupos ateus serviram inclusive para reforçar sua fé.

Já na América Latina esses debates não existiram. O catolicismo latino-americano teve início de forma artificial. Foi imposto pelos conquistadores. Conforme observa Michel Schooyans,

> "como os conquistadores impõem seus decretos e suas instituições, do mesmo modo os evangelizadores impõem sua religião *ab extrinseco*; e ainda do mesmo modo Deus impõe suas leis. Uma associação se estabelece entre a figura do conquistador, do pregador, de Deus".[65]

Esse caráter artificial e imposto do catolicismo latino-americano teria conseqüências profundas sobre o comportamento dos fiéis. A Igreja Católica, durante séculos, teve uma posição indisputada na América Latina. Não houve heresias, não houve concorrência por parte de outras religiões; a religião católica era oficial e unânime. Em outras palavras, além de transplantada e imposta, a Igreja, durante séculos, não foi provada, não passou por crises profundas, não teve que enfrentar maiores dificuldades. No Brasil, por exemplo, a primeira grande crise da Igreja só vem ocorrer com Dom Vital, já em fins do século XIX.

Isto, naturalmente, tornou a Igreja particularmente vulnerável. Não é de estranhar, portanto, que tenha sido particularmente vulnerável aos ataques do Iluminismo. Muito mais vulnerável do que na Europa, onde o Iluminismo nascera. O padre José

---

[65] Michel Schooyans, *O desafio da secularização*, São Paulo, Herder, 1968, p. 54.

Comblin, que fez um estudo extraordinário sobre a "Situação histórica do catolicismo no Brasil", observa a respeito:

"No Brasil a invasão do Iluminismo foi total e pacífica... O triunfo do Iluminismo foi indiscutido, a Maçonaria era depositária dos ideais culturais da classe alta. A reeuropeização foi essencialmente uma assimilação do espírito revolucionário francês e do liberalismo inglês... O resultado do Iluminismo foi a incredulidade de toda a classe 'reeuropeizada', os barões do Império, os bacharéis formaram uma classe totalmente emancipada da Igreja. Se a Maçonaria não chegou a reunir toda a classe alta, pelo menos inspirou seus ideais. O fenômeno foi muito mais geral, total, do que nas nações latinas da Europa".[66]

Nesses termos, foi bastante o Iluminismo para que a classe dominante latino-americana abandonasse a Igreja. A religião tornou-se um problema de mulheres. Era conveniente. Assegurava melhor a sua fidelidade matrimonial. Servia também para o povo. Tornava-o mais acomodado e submisso. Não servia, porém, para os homens da classe alta, que haviam sido profundamente influenciados pelo Iluminismo e, particularmente, pelo positivismo de Augusto Comte.

O êxito das novas idéias européias na América Latina foi tanto maior quanto menor as resistências intelectuais e morais. Estas eram pequenas, na medida em que o catolicismo sempre fora superficial nas elites latino-americanas. Soma-se a este fato a inexistência de quaisquer resistências de ordem ideológica às novas idéias. Na Europa, o Iluminismo era o produto de uma classe social em ascensão, a burguesia, e teve que lutar ferozmente contra a aristocracia para sobreviver. Na América Latina, os

---

[66] José Comblin, *op. cit.*, p. 97.

A revolução política na Igreja

ideais iluministas e particularmente o liberalismo econômico encontraram o campo aberto. A ideologia importada serviu como uma luva, não para a burguesia local, que mal existia, mas para a oligarquia agrário-comercial de pretensões aristocráticas que dominava amplamente os países latino-americanos durante o século XIX. O liberalismo justificava manter-se a economia latino-americana baseada na agricultura, na pecuária ou na mineração, para benefício dos grupos dominantes, que deviam sua posição exatamente ao controle dessas atividades.

As novas idéias encontraram assim um campo extremamente favorável. Sua penetração nos países latino-americanos coincidiu inclusive com a época em que esses países, utilizando-se da ideologia iluminista, conseguiam sua independência de duas nações européias arcaicas, Espanha e Portugal. Tudo, portanto, favorecia as novas idéias; as elites latino-americanas abraçaram-nas com rapidez — ainda que freqüentemente com superficialidade, como o comprovam os constantes golpes de Estado em que o Continente vive mergulhado — e a Igreja, quando não foi duramente perseguida, como aconteceu no México, foi pelo menos desertada pelas elites.

Este fenômeno naturalmente não aconteceu de um dia para o outro, nem com o esquematismo com que o estamos descrevendo. Nos setores agrários mais tradicionais, por exemplo, a Igreja e o pároco conservaram muito de seu prestígio. Mesmo que sua fé fosse pouca, era interessante para o senhor de terras manter boas relações com a Igreja, que continuava a ser útil como meio de controle da sociedade. Conforme já observamos, para o povo e para as mulheres a religião ainda servia. Por outro lado, aquele processo a que nos referimos no capítulo anterior, de burocratização do Estado, organização da sociedade e adoção pela mesma de ideologias seculares, pertence ao século XX. E mesmo esse processo também não ocorreu de um dia para o outro. Acompanhou o processo de industrialização e urbanização pelo qual, em maior ou menor grau, todos os países latino-americanos estão passando.

Nesses termos, a Igreja demorou para se aperceber de que fora desertada pelas elites. Essa deserção ocorrera em fases. Primeiro, devida à penetração das idéias iluministas; depois, devida à relativa perda de função social da Igreja, na medida em que a sociedade secular se tornava cada vez mais capaz de autogerir-se. Nenhuma dessas fases foi muito clara. E mesmo hoje, grande parte da Igreja não se apercebeu do fato. De qualquer forma, sua aliança com as classes dominantes foi-se tornando cada vez mais e mais gratuita, mais sem sentido. A Igreja continuava a servir a quem não estava mais pedindo auxílio, nem retribuindo o apoio recebido, seja com sustentação econômica, seja com partilha do poder e do prestígio político. A Igreja na América Latina continuava e, ainda hoje, muitas vezes, continua a servir a ordem estabelecida por hábito, porque sempre o fizera, e também porque sempre é mais prudente — especialmente para uma organização burocrática como é — acomodar-se ao sistema de poder vigente, ao invés de combatê-lo.

Entretanto, a antiga aliança entre a Igreja e a ordem estabelecida perdera suas bases. Já não era mais tão importante para as elites, as quais, inclusive, haviam aderido em grande parte ao ateísmo e desertado da Igreja. Este fato, ainda que não plenamente conscientizado por parte da Igreja, seria uma causa fundamental das recentes transformações por que vem a mesma passando. Nem o clero nem os leigos progressistas se aperceberam desta modificação da situação. Sua motivação era muito mais nobre. Não partia da simples verificação de que agora a Igreja não era mais tão importante e necessária para a classe dominante. Os católicos de vanguarda, porém, não teriam tido a repercussão que vêm tendo, a Igreja universal não teria um tal estado de efervescência, e a Igreja latino-americana não se teria transformado politicamente com tanta profundidade, tornando-se, muitas vezes e sob muitos aspectos, uma ameaça à ordem estabelecida, se as bases de sua antiga aliança com essa ordem não houvessem sido minadas ou, em outras palavras, se a Cristandade não tivesse terminado.

A revolução política na Igreja

O rompimento com a ordem estabelecida não teria, porém, sido tão nítido por parte da maioria da Igreja latino-americana se ao desmoronamento das bases da antiga aliança não se houvesse adicionado, em meados do século XX, um outro fato novo: a ameaça de deserção em massa das classes populares, que começavam a ser seduzidas de forma cada vez mais poderosa pelo protestantismo, principalmente em suas versões mais populares, a batista e as seitas pentecostais, e pelas religiões mediúnicas.

Todo aquele processo de secularização da Igreja, de reencontro desta com o mundo moderno, que se desenvolve principalmente na França a partir da Segunda Guerra Mundial para, afinal, desaguar no Concílio e na atual crise da Igreja, todo esse processo que analisamos no início deste trabalho tem como motivação implícita ou explícita a sobrevivência da Igreja. Na Europa, onde o catolicismo continua a ter seu centro dinâmico, a Igreja vinha sendo ameaçada de deserção em massa, principalmente da classe operária, devida em parte à sua recusa em aceitar o mundo moderno. A Igreja não só se identificava politicamente com a classe dominante, mas também com um imobilismo científico, tecnológico e social do qual a burguesia, enquanto classe social, jamais pôde ser acusada. Nesses termos, todo o esforço de reformular a teologia católica, compatibilizando-a com a ciência, a tecnologia e o desenvolvimento social, o movimento bíblico, o movimento litúrgico, a experiência dos padres operários e da Ação Católica em geral, os grupos políticos católicos de esquerda, são todos fenômenos que possuem uma origem comum: a tentativa de reconquistar o mundo moderno, que estava sendo perdido na Europa, principalmente para o ateísmo ou para a indiferença religiosa.

Na América Latina, porém, a Igreja vem enfrentando um problema diverso daquele enfrentado na Europa. A Igreja latino-americana recebeu todas as influências européias do movimento de renovação da Igreja. O grande perigo por que passava a Igreja Católica, porém, não era apenas a ameaça do ateísmo. Este também era um fenômeno importante, principalmente entre as elites econômicas, que sofreram a influência do Iluminismo, conforme vimos no capítulo anterior, e entre as elites intelectuais e estudantis que neste século sofreriam também o impacto do marxismo. Mas entre as classes populares o ateísmo não chegou a ser um fenômeno realmente significativo, como aconteceu na Europa.

O ateísmo é incompatível com populações dotadas de um baixo nível de cultura. A opção por não acreditar em Deus é muito difícil para populações que ainda identificam Deus com o ser que tudo prevê e tudo explica, que necessitam vitalmente de Deus, seja para amenizar uma vida miserável e sem muitas esperanças, seja para iluminar um pouco o mistério em que sua ignorância e analfabetismo os mergulham. Isto não significa, naturalmente, que, a partir do momento em que se eleva o nível de cultura de uma população, aumente necessariamente a incidência do ateísmo. Pode em lugar disto elevar-se a racionalidade da religião praticada pelos fiéis. De qualquer forma, porém, enquanto o nível cultural da população for baixo, enquanto a população se orientar por padrões culturais tradicionais, dificilmente o ateísmo terá campo fácil.

Nesses termos, a Igreja latino-americana não foi particularmente ameaçada pelo ateísmo entre as classes populares. Em seu lugar, porém, sofreu um outro tipo de ameaça igualmente perigosa: a da concorrência de outras religiões.

Este fato, que ganhou extraordinário ímpeto nos últimos anos, a ponto de hoje haver-se transformado em um mito a afirmação de que a América Latina é um continente católico, teve sua causa principal na própria fraqueza da Igreja Católica latino-americana. Os protestantes, que em certos momentos tiveram problemas de consciência por concentrarem seus esforços em uma região já cristianizada, quando havia toda a Ásia e África por cristianizar, resolveram o problema com a tese de que o catolicismo latino-americano estava corrompido e debilitado, necessitando de uma injeção evangélica. Conforme observa o jesuíta Prudencio Damboriena em seu excelente estudo a respeito do protestantismo na América Latina, falando sobre o Congresso Missionário Internacional de Madras, realizado em 1938:

"John Mackay, presidente do *International Missionary Council* e alma daquele Congresso, havia escrito nos anos anteriores dois livros (*The Other Spanish Christ*, 1933, e *That Other America*, 1936), nos quais havia tentado provar que o corrompido Catolicismo importado da península Ibérica necessitava de fortes injeções de cristianismo evangélico, se quisesse sobreviver. Os congressistas convenceram-se do raciocínio e em suas reuniões se declarou que aqueles 'desastrosos efeitos de uma forma decadente e corrompida de Cristianismo' (ou seja, o Catolicismo) exigiam uma intensificação de sua empresa sul-americana".[67]

Com base nesta racionalização, à qual, sem dúvida, não faltava ampla base na realidade, o protestantismo invadiu a América Latina. E seu êxito foi extraordinário. O Quadro I apresenta alguns dados a respeito. O número de membros das igrejas protestantes na América Latina cresceu de 170.527, em 1916, para 7.710.000, em 1961. Este crescimento corresponde a um aumento muito mais do que proporcional ao aumento da população da América Latina. Nesses termos, enquanto que em 1916 os protestantes representavam apenas 0,13% da população, em 1961 essa porcentagem havia se multiplicado por 30, subindo a 3,84%.

Segundo os cálculos do padre Damboriena, dos 7.710.000 protestantes que havia na América Latina, mais de 50% estão no Brasil. O número total de protestantes neste país seria de 4,1 milhões em 1961, correspondendo a 6% da população. Em 1916 havia, no Brasil, apenas 50 mil protestantes, correspondendo a aproximadamente 0,2% da população total.[68] O ritmo de cres-

---

[67] Prudencio Damboriena, *El protestantismo en América Latina*, Friburgo (Suíça)/Bogotá, Oficina Internacional de Investigadores Sociales de Feres, 1962, tomo I, p. 28.

[68] *Idem*, tomo II, pp. 15-27.

cimento do protestantismo foi, portanto, também, extraordinariamente rápido no Brasil.

Quadro I
CRESCIMENTO DO PROTESTANTISMO
NA AMÉRICA LATINA

Ano	Membros	% da população
1916	170.527	0,13
1938	623.563	0,49
1949	3.171.930	2,05
1957	4.230.413	2,27
1961	7.710.000	3,84

Fonte: Prudencio Damboriena, *op. cit.*, pp. 15-27 do tomo II, baseado em diversas publicações oficiais protestantes.

O protestantismo penetrou na América Latina no século XIX, inicialmente através da imigração e, depois, do trabalho missionário. Os grandes recursos financeiros postos à disposição desse trabalho missionário — recursos esses provenientes principalmente dos Estados Unidos — aos quais se somaram as próprias debilidades da Igreja Católica, permitiram um rápido crescimento das chamadas "igrejas históricas" do protestantismo: presbiterianas, metodistas, luteranas, episcopais, anglicanas. Este, todavia, era, conforme observa Magdeleine Villeroy, um protestantismo "à altura da classe média".[69] E seu ritmo de crescimento não chegava a ser excepcional.

Recentemente, porém, começou a se observar um crescimento explosivo do protestantismo representado pelas igrejas pentecostais — particularmente as Assembléias de Deus e as Congregações Cristãs — e pelos batistas. O pentecostalismo possui uma mensagem simples e direta. Resume-se na denúncia do pecado e

---

[69] Magdeleine Villeroy, "Enquête sur les Églises protestantes dans le Brésil en crise des années 1962-63", *Cahiers de Sociologie Économique*, separata do n° 12, mai. 1965.

A revolução política na Igreja

na promessa de uma vida quase ascética, em troca da salvação. A tônica é puritana. Os conceitos são rígidos. Por outro lado, o culto é coletivo, exige total participação dos fiéis, e implica em grande comprometimento emocional. E a comunidade como um todo é socialmente coesa, tendo como ponto de encontro e referência a Igreja.

Conforme observa Beatriz Muniz de Souza, em um excelente trabalho sobre o pentecostalismo em São Paulo,

> "a posição doutrinária adotada pelos grupos pentecostais prende-se, no nível psicossocial, à dramaticidade da salvação, sendo freqüente, durante as pregações, o enfático e emocional apelo à necessidade de que os pecadores se arrependam dos erros cometidos e se convertam, aceitando Jesus como único Salvador. Poderá então ser alcançada a recompensa espiritual de santificação completa, marcada pelo 'batismo do Espírito Santo'".[70]

Este tipo de doutrina, de fácil compreensão e exigindo grande participação dos fiéis, ao mesmo tempo que apela para motivações e frustrações básicas dos indivíduos, vem obtendo imensa aceitação entre as classes populares, que haviam sido particularmente abandonadas pela Igreja Católica. O pentecostalismo é hoje tipicamente uma religião das populações urbanas de classe baixa.

Este fato observa-se não só em São Paulo, mas em toda a América Latina. Em relação ao Chile, por exemplo, informa-nos Christian Lalive d'Epinay, que realizou ampla pesquisa sobre o pentecostalismo naquele país:

---

[70] Beatriz Muniz de Souza, *Pentecostalismo em São Paulo*, tese mimeografada de Doutoramento à Cadeira de Sociologia da Faculdade de Filosofia, Ciências e Letras de Rio Claro, Universidade de Campinas, p. 36.

"Parece, provavelmente, que a maioria dos grupos pentecostais provém sobretudo das categorias mais marginais desta classe social (a classe popular): pessoas sem atividade fixa nem formação profissional, pequenos artesãos e comerciantes ambulantes, etc. (há, sem dúvida, exceções numerosas), migrantes de primeira geração".[71]

Em um trabalho extremamente interessante sobre o protestantismo,[72] Emilio Willems demonstra como o desenvolvimento do protestantismo está intimamente relacionado com o processo de industrialização e urbanização. Pesquisas revelam que no Brasil os protestantes concentram-se nas zonas de fronteira e no setor industrial, onde as oportunidades econômicas são maiores. Os protestantes apresentariam assim uma grande mobilidade em busca de melhores salários. Essa mobilidade, porém, não só caracteriza os protestantes, mas também leva a conversões de católicos ao protestantismo. Através do processo de migração e conseqüente urbanização, que tem sido intenso principalmente no Brasil, embora ocorra em toda a América Latina, o imigrante se desliga, com relativa facilidade, de suas lealdades tradicionais à família, ao compadre, ao patrão da comunidade geralmente decadente de que se origina. Ao chegar à cidade grande, fria, impessoal, hostil, o imigrante sofre um profundo choque.

"O imigrante reage à nova situação procurando, principalmente por tentativa e erro, um grupo de pessoas em cujo meio ele encontre afinidade emocional e

---

[71] Christian Lalive d'Epinay, "Pentecostisme dans la société chilienne", mimeografado, Santiago do Chile, Gênova, 1966, p. 72.

[72] Emilio Willems, "Protestantism and Culture Change in Brazil and Chile", em William V. D'Antonio e Frederick B. Pike (orgs.), *Religion, Revolution and Reform*, Nova York, Praeger, 1964, pp. 91-108.

reconhecimento como uma pessoa. Entre as várias alternativas, ele pode escolher uma das mais acessíveis, ou seja, o protestantismo."[73]

Esta segunda causa de conversões ao protestantismo, a urbanização, pode aplicar-se também às conversões a outras religiões como a umbanda e o espiritismo. O imigrante está procurando proteção e reconhecimento que a Igreja Católica, também impessoalizada na cidade grande e contando com um número muito reduzido de padres, tem grande dificuldade em fornecer. À industrialização e à urbanização, porém, Emilio Willems adiciona uma terceira causa de conversões ao protestantismo que é particularmente relevante ao tema que estamos tratando. Afirma ele que essas conversões têm um sentido de revolta. Possuem, portanto, claras e diretas implicações políticas. Diz ele:

"Sugerimos aqui que a conversão ao protestantismo, especialmente às suas variedades sectárias, constitui um dos muitos meios através dos quais pode ser expressa hostilidade e rebelião contra uma estrutura social decadente. Correta ou incorretamente, a Igreja Católica é freqüentemente percebida pelas massas como um símbolo da ordem tradicional, a aristocracia terra tenente".[74]

Emilio Willems sugere, portanto, também uma causa política para o êxito do protestantismo na América Latina. Essa posição está na mesma linha de preocupação deste ensaio, no qual estamos defendendo o ponto de vista de que a revolução política por que vem passando a Igreja na América Latina tem como causas principais, além da própria tomada de consciência dos

---

[73] *Idem*, p. 100.

[74] *Idem*, p. 103.

jovens católicos, de um lado, a deserção das elites conservadoras e o conseqüente término da Cristandade, no sentido de poder temporal da Igreja, e de outro, a ameaça, entre as classes populares, representada pelo crescimento das outras religiões. Entretanto, neste campo, o protestantismo, aliás como as outras religiões, não se tem caracterizado por uma ação política progressista. A Igreja Católica, através dos seus setores mais avançados, vem adotando uma estratégia politicamente progressista se não revolucionária para tentar reconquistar o campo perdido, embora seus concorrentes não se tenham caracterizado por uma ação política correspondente.

Houve, sem dúvida, e ainda hoje existem setores de esquerda dentro do protestantismo, que permitiram G. Howard afirmar em 1949:

> "Entre nossos adeptos e dirigentes predominam as ideologias progressistas e de extrema esquerda... não temos nada a temer desses movimentos de esquerda. Nossos verdadeiros inimigos são os regimes de direita, os quais, apoiados pela hierarquia eclesiástica, tendem a aplicar contra nós suas medidas discriminatórias".[75]

Não cremos, todavia, que uma atitude política dessa natureza tenha sido dominante no protestantismo latino-americano. Este é excessivamente condicionado pelo protestantismo norte-americano para adotar tais posições. Mais de quatro quintos dos pastores estrangeiros na América Latina são norte-americanos. De qualquer forma, posições políticas dessa natureza, em certos setores de elite do protestantismo, parecem indiscutivelmente ter precedido a revolução política na Igreja a que estamos assistindo. Enquanto, porém, o movimento progressista nas igrejas pro-

---

[75] G. Howard, *World Christian Handbook*, citado por P. Damboriena, *op. cit.*, p. 31.

testantes jamais chegou a ganhar verdadeira expressão, aconteceria o oposto na Igreja Católica.

Entre os protestantes, uma descrição da sua posição política que nos parece bem mais realista e objetiva do que a acima citada é a de Esdras Borges Costa. No livro que publicou, como resultado de pesquisa realizada na cidade de Natal e arredores, afirma ele:

> "Apesar da potencialidade revolucionária de alguns grupos protestantes... a orientação predominante é de abstenção ou mesmo de conservantismo diante das transformações e crises da sociedade regional e nacional... parece predominar a esperança milenar e apolítica incluindo a idealização da vida além-túmulo e também a expectativa da segunda vinda de Cristo já em um tempo posterior à história presente".[76]

A tônica do protestantismo, portanto, é conservadora ou, pelo menos, politicamente alienada. A preocupação com a salvação individual e do próximo é muito maior do que a preocupação com uma maior justiça nesta terra.

Por que então a Igreja Católica adotaria posições políticas progressistas se seus concorrentes não o fazem? Cremos que a chave do problema nos é dada, indiretamente, pelo mesmo autor, quando situa socialmente o protestantismo, para em seguida examinar suas posições políticas:

> "A maioria dos protestantes pertence às camadas pobres e médio-baixas dos centros urbanos. Sua dependência direta e seus compromissos em relação às

---

[76] Esdras Borges Costa, *Religião e desenvolvimento econômico no Nordeste do Brasil (Igrejas Protestantes)*, Bruxelas, Centre de Documentation sur l'Action des Églises dans le Monde, 1968, pp. 65 e 95.

camadas dominantes e às estruturas tradicionais de poder são relativamente reduzidas".[77]

Em outras palavras, o protestantismo, situando-se principalmente nas camadas populares, não está, particularmente, com a ordem estabelecida. Existe, sem dúvida, a influência norte-americana. Mas, nas igrejas pentecostais, essa influência é relativamente menor. Os pastores, cujo número cresceu de maneira extraordinária, estão socialmente muito próximos aos fiéis, de forma que a facilidade de comunicação entre eles é muito maior. O fiel não sente distância social entre ele e o pastor, nem percebe nesse pastor o representante de toda uma hierarquia, cuja cúpula e, às vezes, as próprias bases estão comprometidas com o sistema de dominação vigente. Nesses termos, mesmo não encontrando no pentecostalismo uma religião politicamente revolucionária, o converso sente-se nela muito mais à vontade do que na Igreja Católica, que lhe é tão distanciada.

O mesmo pode ser afirmado em relação às outras religiões que vêm apresentando grande crescimento, particularmente no Brasil: o espiritismo e a umbanda. O espiritismo tem origem em Allan Kardec e está intimamente relacionado com o cristianismo. A umbanda é uma religião sincrética, produto das religiões africanas e do cristianismo, que sofreu, também, forte influência do kardecismo. O espiritismo atinge não só a classe baixa, mas também amplas parcelas da baixa classe média. As religiões afro-brasileiras têm sua base estritamente na classe baixa. Há ampla bibliografia a respeito dessas religiões.[78] Não vamos, porém, nos estender a respeito delas, embora no Brasil a importância das

---

[77] *Idem*, p. 64.

[78] Consultar principalmente as obras de Cândido Procópio Ferreira de Camargo, Arthur Ramos, Edson Carneiro, Nina Rodrigues, sobre os cultos afro-brasileiros, e Cândido Procópio Ferreira de Camargo e Boaventura Kloppenburg, sobre o espiritismo.

mesmas seja tão grande quanto a do protestantismo. Basta salientarmos que, da mesma forma que no pentecostalismo, o espiritismo e a umbanda vêm conseguindo extraordinário êxito nas classes populares, na medida em que possuem uma mensagem simples (muitas vezes grosseira) e têm condições de transmitir essa mensagem sem as barreiras da distância social e do comprometimento com o sistema de poder vigente na sociedade; na medida em que dão ao culto, nas "mesas" ou nos "terreiros", um sentido altamente emocional, ao mesmo tempo que possibilitam grande participação dos fiéis; e, segundo Cândido Procópio Ferreira de Camargo verificou em ampla pesquisa sobre o problema, na qual demonstrou inclusive que ambas as religiões fazem parte de um *continuum* mediúnico, na medida em que tanto o espiritismo como a umbanda desempenham duas funções sociais básicas: a função terapêutica e a função de integração na sociedade urbana.[79]

Estas religiões concorrentes ao catolicismo vêm, portanto, todas, obtendo extraordinário êxito na América Latina, na medida em que se transformam em instrumentos de adaptação das populações a um profundo processo de revolução social e tecnológica. Este processo, caracterizado mais pela urbanização do que pela industrialização, destrói os valores, as crenças e as estruturas da família e da sociedade tradicional. De um instante para o outro os indivíduos e as famílias são obrigados a reorientar radicalmente sua vida. Isto acontece de forma dramática, principalmente à medida que os objetos dessa revolução social são indivíduos de nível social e cultural muito baixo, que jamais tiveram contato com uma sociedade plural e são altamente indefesos em face da mudança social a que são sujeitos.

Neste momento de transição, em que os indivíduos necessitavam urgentemente de um suporte religioso, o catolicismo, iden-

---

[79] Cândido Procópio Ferreira de Camargo, *Kardecismo e umbanda*, São Paulo, Pioneira, 1961, pp. 13 e 93.

tificado com o sistema tradicional que vinha de ser rompido, não se constituía em uma solução satisfatória, inclusive porque o catolicismo não havia conseguido, no setor urbano, desenvolver uma versão que respondesse às necessidades da classe baixa que vinha de imigrar. No setor agrário, o catolicismo ainda desenvolveu formas adaptativas, particularmente os movimentos messiânicos, tão importantes no Brasil, desde Antônio Conselheiro, de Canudos, até o padre Cícero, de Juazeiro. Mas no setor urbano, o catolicismo, excessivamente amarrado às tradições da sociedade patrimonial brasileira, não conseguiu desenvolver uma versão ortodoxa capaz de atender às necessidades de adaptação das populações de classe baixa. Conforme observa Manoel T. Berlinck:

"A estrutura agrária brasileira produziu, por um lado, um catolicismo de *folk* que variou de forma quando se compararam as manifestações católicas na região das grandes fazendas e na agricultura de subsistência. Essa mesma estrutura agrária produziu movimentos messiânicos e uma religião afro-brasileira pouco estudada.

Com a desagregação do sistema agrário brasileiro e o concomitante processo de urbanização e industrialização, tanto o catolicismo de *folk* como os movimentos messiânicos entraram em declínio, dando lugar a um catolicismo internalizado, ao protestantismo e às religiões mediúnicas".[80]

Ora, enquanto o catolicismo não era capaz de responder a esse processo de desagregação da sociedade patrimonial agrária latino-americana, o protestantismo, o espiritismo e, no caso bra-

---

[80] Manoel T. Berlinck, "Algumas considerações sociológicas sobre as religiões no Brasil", mimeografado, 1969, Escola de Administração de Empresas de São Paulo, Fundação Getúlio Vargas, p. 23.

A revolução política na Igreja   193

sileiro, também a umbanda, o foram. Emilio Willems observa, referindo-se a essas três religiões, que as mesmas desempenham, inclusive, uma função política importante, veiculando, indiretamente, as frustrações dessas populações, objeto do processo de urbanização, contra a estrutura do poder vigente. Diz-nos ele que essas três religiões, no caso do Brasil,

"parecem se livrar dos elementos estruturais da sociedade brasileira que agiram como fonte de frustração. Ao reafirmarem sua espontaneidade organizacional, rejeitaram a tutelagem paternalista da classe alta. Enfatizam a igualdade social e negam, assim, a estrutura de classe tradicional".[81]

Em face dessa ameaça concreta de ver também as classes populares desertarem, optando, não pelo ateísmo, mas pelo protestantismo, particularmente em suas versões pentecostais, e pelas religiões mediúnicas, estamos levantando a hipótese de que setores ponderáveis do catolicismo vêm respondendo com um processo de radicalização política e de identificação dos objetivos da Igreja com os das classes populares e não com os das classes dominantes. A revolução na Igreja, em seu setor latino-americano, teria, portanto, como uma de suas causas, essa ameaça de deserção das massas populares.

Poder-se-ia objetar que as funções sociais das religiões concorrentes são de tal forma complexas que apenas esse tipo de resposta, no setor político, não virá resolver o problema da crise do catolicismo latino-americano. Em momento nenhum, porém, pretendemos afirmar que essa seja a única forma pela qual a Igreja está respondendo ao desafio. Há muitas outras que escapam ao âmbito deste trabalho e que podem coexistir com o processo de radicalização política.

---

[81] Emilio Willems, citado por Manoel T. Berlinck, *op. cit.*, p. 21.

Imaginamos, porém, que o aspecto político, de descomprometimento com a ordem estabelecida, é particularmente importante no elenco de respostas que o catolicismo latino-americano vem dando ao desafio das outras religiões. Fazemos esta afirmação em vista da evolução por que o catolicismo passou nas últimas décadas, no quadro desse processo de industrialização e urbanização. Cândido Procópio de Camargo distingue três tipos no catolicismo brasileiro: tradicional rural, tradicional urbano e interiorizado.[82] Nesses termos, o único tipo de catolicismo que não é tradicional é o catolicismo interiorizado ou internalizado, que surgiu como fruto do processo de transformação social.

Ora, o catolicismo internalizado é por ele definido muito precisamente pela:

"a) conduta religiosa e social orientada de maneira consciente pelos valores religiosos;

b) pela explicação racional (em termos de fins e meios coerentes) dos valores, normas e papéis religiosos;

c) pela diferenciação relativa — e mesmo tensão — entre os valores religiosos conscientes e o sistema social que predomina na sociedade global".[83]

Não bastasse essa definição, Cândido Procópio distingue ainda três tendências do catolicismo internalizado:

"1. o sentido da espiritualidade;

2. o sentido do social;

3. o sentido da adaptação à vida moderna".[84]

---

[82] Cândido Procópio Ferreira de Camargo, "Essai de Typologie du Catolicisme Brésilien", *Social Compass*, n° XIV, 5-6, pp. 399-422.

[83] *Idem*, p. 401.

[84] *Idem*, p. 412.

A revolução política na Igreja

Ora, definido nesses termos, sem dúvida perfeitamente corretos, o catolicismo internalizado identifica-se com os movimentos de vanguarda do catolicismo latino-americano a que nos referimos no início deste ensaio, quando examinamos os sintomas da revolução na Igreja latino-americana. O catolicismo internalizado, único produto da sociedade industrial e urbana que está se formando na América Latina, e portanto única possível fonte de reação da Igreja Católica à ameaça representada pelas demais religiões, tem assim como representantes típicos intelectuais da classe média, insatisfeitos com a ordem estabelecida, geralmente indignados com as injustiças a ela inerentes.

Em outras palavras, o catolicismo dinâmico, de acordo com os tempos modernos fruto do processo de transição da sociedade agrária para a sociedade industrial latino-americana, é um catolicismo de intelectuais de classe média insatisfeitos, em diversos graus, com a ordem vigente. Desse grupo, portanto, deverá originar-se a resposta à ameaça representada pelas demais religiões. Na verdade, seria muito pouco provável que essa resposta pudesse surgir das bases populares do próprio catolicismo, dado o caráter hierárquico do mesmo, que dificulta qualquer movimento partindo da base, e dado também o fato de que até hoje esse movimento não surgiu, conforme demonstra a classificação de Cândido Procópio.

Ora, se é de católicos de classe média, com tendências à intelectualidade e à oposição ao sistema político vigente que é de se esperar qualquer tentativa de recuperar as massas populares para o catolicismo, é fácil entender que católicos desse tipo adotem uma estratégia racionalista. Partem do diagnóstico da crise do catolicismo latino-americano, cuja causa principal identificam com o comprometimento da Igreja com o sistema de poder vigente. Esse diagnóstico vem assim reforçar a posição natural de protesto dos católicos de vanguarda. Seu protesto tem assim duas finalidades concomitantes: uma finalidade estritamente política, ligada às considerações de estabelecimento de um sistema econômico e político mais justo; e uma finalidade religiosa, relacionada com a própria sobrevivência do catolicismo na América Latina.

Nesses termos, a radicalização política do catolicismo latino-americano, sua nítida tendência para posições de esquerda, não só atende aos valores do grupo católico líder como também se constitui em uma estratégia apostólica junto às classes populares. Não cabe aqui discutir se essa estratégia será ou não eficiente. Sem dúvida, esta é uma estratégia excessivamente racionalista e intelectualizada. Além disso, vem de cima para baixo, da classe média intelectualizada para as bases populares, enquanto que o protestantismo pentecostal ou as religiões mediúnicas têm suas lideranças inseridas dentro de suas próprias bases. Não obstante essas limitações, porém, parece indiscutível que a radicalização política de amplos setores da Igreja, na América Latina, tem como uma de suas causas a ameaça de deserção das massas populares, constituindo-se, assim, em uma estratégia apostólica.

VII.
CONCLUSÃO

Em resumo, vimos neste ensaio que a Igreja Católica latino-americana atravessa um momento revolucionário, através do qual se processa seu descomprometimento com a ordem estabelecida. Os sintomas dessa revolução são inúmeros. Revelam, claramente, que não só no clero, inclusive na hierarquia, mas principalmente entre os leigos, esta transformação política da Igreja tem um definido sentido de protesto, de radicalização política em direção às posições de esquerda. Neste processo, as posições dos diversos grupos católicos abrem-se em leque, indo desde as posições reformistas, caracterizadas inclusive por uma visão utópica e idealista do mundo, até posições revolucionárias radicais prescrevendo o atingimento de uma sociedade socialista na América Latina, através da luta armada.

Esse processo de mudança do papel político da Igreja é revolucionário na medida em que a Igreja foi, durante séculos, um dos sustentáculos da ordem estabelecida. Na verdade, vista de uma perspectiva histórica, a Igreja Católica, durante um largo período da história universal, confundia-se com a própria ordem estabelecida. Sofreu os primeiros reveses com o racionalismo renascentista, o advento das monarquias absolutas e do protestantismo. Passou, então, a fazer parte do sistema de poder, sem se constituir no próprio poder. Com a emergência da burguesia e o surgimento do capitalismo industrial, a Igreja sofreu mais um rude golpe. Depois de duramente combatida pela nova ordem, acabou sendo aceita, agora, porém, como mera força auxiliar. Aos poucos, contudo, o papel da Igreja de sacralizar a ordem estabelecida, dando maior coercitividade às suas normas e instituições sociais, foi perdendo importância. Isto acontecia em virtude da crescente racionalização e burocratização do Estado nas sociedades industriais, que foram construindo seus próprios sistemas de poder, independentemente de um processo de sacralização.

Visto o mesmo problema sob um outro ângulo, podemos afirmar que a Igreja, organização excessivamente comprometida com um sistema de valores e crenças tradicional, não conseguia adaptar-se ao advento do mundo moderno. Pelo contrário, opunha-se a esse mundo moderno, fruto do desenvolvimento tecnológico e científico, da industrialização e da urbanização, com todas as suas forças. Perdia assim sua função social e entrava em crise.

Surge, então, dentro da Igreja um processo de renovação que ganha ímpeto, especialmente depois da Segunda Guerra Mundial. A Igreja busca reconciliar-se com o mundo moderno. Um grande esforço de teólogos, entre os quais se salienta Teilhard de Chardin, de padres e leigos é então realizado, em todos os setores, para renovar a Igreja. Esse esforço é coroado com o surgimento de João XXIII e a realização do Concílio Vaticano II.

Este processo de renovação da Igreja, originado na Europa, está naturalmente na base da revolução política do catolicismo na América Latina. Entretanto, se quisermos buscar as causas da revolução na Igreja da América Latina e mesmo da revolução que atinge a Igreja em todo o mundo, revolução que muitos têm chamado de crise pós-conciliar da Igreja Católica, devemos voltar ao exame das modificações de ordem histórica do papel social da Igreja Católica.

Verificamos, então, que existe uma causa geral para essa revolução na Igreja. Referimo-nos ao que chamamos de "fim da Cristandade". Realmente, o grande fato novo que mudou a história da Igreja foi aquele processo de racionalização e burocratização do Estado moderno, o processo de tecnoburocratização, o qual foi tornando cada vez mais dispensável a função de sacralização da ordem estabelecida. Na medida em que isto ocorria, a aliança da Igreja com o sistema de poder vigente de caráter capi-

A revolução política na Igreja

talista ou tecnoburocrático tornava-se cada vez mais artificial e sem sentido. Este fato foi percebido antes pelo próprio sistema, antes pela própria sociedade civil do que pela Igreja. Passou então a ocorrer o que chamamos de deserção das elites. As elites dominantes passaram cada vez mais claramente a abandonar a Igreja e a marginalizá-la. O processo foi-se agravando, mas a Igreja, ainda apegada a alguns velhos privilégios, não percebia a mudança social ocorrida, a qual a marginalizara. A antiga aliança entre a Igreja e a ordem estabelecida perdera suas bases, mas continuava a subsistir em virtude da lei da inércia.

Entretanto, depois da Segunda Guerra Mundial e, principalmente, depois do Concílio, a Igreja começou a perceber a falta de base dessa aliança. Por outro lado, especialmente na América Latina, constatou, dramaticamente, dois fatos: de um lado, a miséria, a injustiça e a desigualdade social imperantes, que negavam frontalmente todos os preceitos evangélicos; de outro lado, percebeu que, depois da deserção das elites, agora uma outra deserção, ainda mais grave, a ameaçava: a deserção das massas populares que, na América Latina, se viam atraídas de maneira crescente por outras religiões mais capazes de atender à sua necessidade de ajustamento à sociedade industrial e urbana que vai se definindo nessa região, particularmente pelo pentecostalismo protestante e pelas religiões mediúnicas.

Nestes termos, em fins dos anos 60, a Igreja em todo o mundo e, particularmente, na América Latina, mais do que uma Igreja em crise, era uma Igreja em revolução. Esta revolução atingia todos os seus setores: era uma revolução teológica, moral, litúrgica, pastoral e, também, uma revolução política. Neste ensaio, foi este último aspecto que nos preocupou. Quais as conseqüências dessa revolução é difícil de prever. O que é certo é que, juntamente com a revolução estudantil, que examinamos na primeira parte deste trabalho, a revolução da Igreja é um dos acontecimentos políticos fundamentais do nosso tempo.

BIBLIOGRAFIA

A REVOLUÇÃO ESTUDANTIL

CHOMSKY, Noam. "Entrevista a Mauro Calamandrei". In: Arnaldo Pedroso d'Horta. "A esquerda americana". *O Estado de S. Paulo*, 2/10/1969.

DEBRAY, Régis. *Revolução na revolução*. Havana: Casa das Américas, 1967.

D'HORTA, Arnaldo Pedroso. "Da escola à luta política". *O Estado de S. Paulo*, 24/3/1968.

_____. "Revolução cultural do Ocidente ao Oriente". *O Estado de S. Paulo*, 12/5/1968.

GARAUDY, Roger. "A revolta dos estudantes franceses e a revolução". *Civilização Brasileira*, Rio de Janeiro (19/20), mai/ago. 1968.

GATTI, Adolfo e SPINI, Giorgio. "Debate". *L'Expresso*, Roma, 17/3/1968, transcrito em *O Estado de S. Paulo*, 12/5/1968.

MARCUSE, Herbert. *Ideologia da sociedade industrial*. Rio de Janeiro: Zahar, 1967.

_____. *Fim da utopia*. Rio de Janeiro: Paz e Terra, 1969.

_____. *Eros e civilização*. Rio de Janeiro: Zahar, 1968.

MILLS, Pamella. "Movimento estudantil nos Estados Unidos". Revista *Paz e Terra*, nº 3.

NEILL, A. S. *Liberdade sem medo (Summerhill)*. São Paulo: Ibrasa, 1967.

PAPPENHEIN, Fritz. *Alienação do homem moderno*. São Paulo: Brasiliense, 1967.

ROBERTSON, Nan. Transcrito de *O Estado de S. Paulo*, 13/6/1968.

SARTRE, Jean-Paul. Entrevista concedida ao *Nouvel Observateur*. *Civilização Brasileira*, Rio de Janeiro (19/20), mai/ago. 1968.

SPINI, Giorgio. "Duas gerações". *O Estado de S. Paulo*, 12/5/1968.

A REVOLUÇÃO POLÍTICA NA IGREJA

ALMEIDA, Candido Mendes de. *Memento dos vivos: a esquerda católica*. Rio de Janeiro: Tempo Brasileiro, 1966.

ALVES, Márcio Moreira. *O Cristo do povo*, Rio de Janeiro: Sabiá, 1968.

BERLINCK, Manoel T. "Algumas considerações sociológicas sobre as religiões no Brasil". Mimeo. Escola de Administração de Empresas de São Paulo, Fundação Getúlio Vargas, 1969.

BROWNE, Malcolm W. "Igreja nova no Paraguai". *The New York Times*, transcrito em *O Estado de S. Paulo*, 10/4/1969.

CAMARGO, Cândido Procópio Ferreira de. *Kardecismo e umbanda*. São Paulo: Pioneira, 1961.

_____. "Essai de Typologie du Catolicisme Brésilien". *Social Compass*, nº XIV, 5-6, pp. 399-422.

CHARBONNEAU, P. Eugène. *Desenvolvimento dos povos*. São Paulo: Herder, 1967.

CHARDIN, Pierre Teilhard de. "La Vision du passé". In: Roger Garaudy. *Perspectivas do homem*. Rio de Janeiro: Civilização Brasileira, 1966.

_____. *O fenômeno humano*. São Paulo: Herder, 1965.

_____. "Sauvons l'Humanité". In: H. Cuypers. *Teilhard: pró ou contra*. Petrópolis: Vozes, 1967.

_____. "Réflexions sur le progrès". In: H. Cuypers. *Teilhard: pró ou contra*. Petrópolis: Vozes, 1967.

_____. "Christologie et évolution". In: J.-M. Domenach e Robert de Montvalon. *Catolicismo de vanguarda*. Lisboa: Livraria Moraes; São Paulo: Herder, 1965.

CHAUCHARD, Paul. *O homem em Teilhard de Chardin*. São Paulo: Herder, 1965.

COMBLIN, José. *Os sinais dos tempos e a evangelização*. São Paulo: Duas Cidades, 1968.

Compêndio do Vaticano II. Petrópolis: Vozes, 1965.

"Conclusões oficiais da II Conferência do Episcopado Latino-Americano", *Folha de S. Paulo*, 15/9/1968.

COSTA, Esdras Borges. *Religião e desenvolvimento econômico no Nordeste do Brasil (Igrejas Protestantes)*. Bruxelas: Centre de Documentation sur l'Action des Églises dans le Monde, 1968.

DAMBORIENA, Prudencio. *El protestantismo en América Latina*. Friburgo (Suíça)/Bogotá: Oficina Internacional de Investigaciones de Feres, 1962.

DANIÉLOU, Jean. "Signification de Teilhard de Chardin". In: H. Cuypers. *Teilhard: pró ou contra*. Petrópolis: Vozes, 1967.

D'ANTONIO, William V. "Democracy and Religion in Latin America". In: W. V. D'Antonio e Frederick B. Pike (orgs.). *Religion, Revolution and Reform*. Nova York: Praeger, 1964.

D'EPINAY, Christian Lalive. "Pentecostisme dans la société chilienne". Mimeo. Santiago do Chile, Gênova, 1966.

DETREZ, Conrado. "A história e o universo segundo Teilhard de Chardin". Revista *Paz e Terra*, n° 2, set. 1966.

Documentos MEB. In: Márcio Moreira Alves. *O Cristo do povo*. Rio de Janeiro: Sabiá, 1968.

DOMENACH, Jean-Marie e MONTVALON, Robert de. *Catolicismo de vanguarda*. Lisboa: Livraria Moraes; São Paulo: Herder, 1965.

FREIRE, Paulo. *Educação como prática da liberdade*. Rio de Janeiro: Paz e Terra, 1967.

GARAUDY, Roger. *Perspectivas do homem*. Rio de Janeiro: Civilização Brasileira, 1966.

GARRONE, Cardeal. *O concílio: orientações*. Lisboa: Edições Paulistas, 1968.

GOMIS, Juan. "Perfil de Camilo Torres". *Ciervo*, mai. 1968. Número especial.

HOWARD, G. *World Christian Handbook*. In: Prudencio Damboriena, *El protestantismo en América Latina*.

HOWE, James. "Declaração". In: Márcio Moreira Alves. *O Cristo do povo*.

JOÃO XXIII. *Mater et Magistra, Pacem in Terris*.

KETTELER, Monsenhor. "Do manifesto comunista à *Pacem in Terris*". In: Nando Fabro. *Diálogo posto à prova*. Rio de Janeiro: Paz e Terra, 1968.

LACROIX, Jean. "O homem marxista". Revista *Paz e Terra*, n° 1, jul. 1966.

LEÃO XIII. *Rerum Novarum*. Rio de Janeiro: Laemmert, 1968.

LEVADA, Jv. A. *Questões de filosofia*. In: Lucio Lombardo Radice, *Diálogo posto à prova*. Rio de Janeiro: Paz e Terra, 1968.

LIMA, Alceu Amoroso. "Diálogo da Igreja com o mundo moderno". Revista *Paz e Terra*, n° 1, jul. 1966.

MONTUCLARD, Maurice I. "L'Évangile captif". In: J.-M. Domenach e Robert de Montvalon. *Catolicismo de vanguarda*.

Bibliografia   203

Mounier, Emmanuel. "Feu la Chrétienté" e "L'Agonie du Christianisme". In: J.-M. Domenach e R. de Montvalon. *Catolicismo de vanguarda.*

Paulo VI. *Populorum Progressio, Ecclesiam Suam, Mysterium Fidei, Sacerdotalis Coelibatus, Humanae Vitae.*

Pedreira, Fernando. "Um país indeciso". *O Estado de S. Paulo*, 28/6/1968.

Pike, Frederick B. e D'Antonio, William V. (orgs.). *Religion, Revolution and Reform.* Nova York: Praeger, 1964.

Pineda, Gonzalo A. "Camilo, mito e profecia?". *Ciervo*, mai. 1968. Número especial.

Pio XI. *Quadragesimo Anno, Quanta Cura.*

Rahner, Karl. *Vaticano II, um começo de renovação.* São Paulo: Herder, 1966.

Santa Cruz, Frei Benevenuto de. "História e sentido das conclusões do CELAM". *Folha de S. Paulo*, 15/9/1968.

Schooyans, Michel. *O desafio da secularização.* São Paulo: Herder, 1968.

Shaull, Richard. *As transformações profundas à luz de uma teologia evangélica.* Petrópolis: Vozes, 1969.

Smulders, Pieter. *A visão de Teilhard de Chardin.* Petrópolis: Vozes, 1968.

Souza, Beatriz Muniz de. "Pentecostalismo em São Paulo". Mimeo. Faculdade de Filosofia, Ciências e Letras de Rio Claro, Universidade de Campinas.

Togliatti, Palmiro. "Discurso em Bérgamo". In: Roger Garaudy. *Do anátema ao diálogo.* Rio de Janeiro: Paz e Terra, 1966.

Torres, Camilo. "La violencia y los cambios socio-culturales en las areas rurales colombianas", 1963.

Villeroy, Magdeleine. "Enquête sur les Églises protestantes dans le Brésil en crise des années 1962-63". Separata de *Cahiers de Sociologie Économique* (12), mai. 1968.

Weffort, Francisco C. "Educação e política". In: Paulo Freire. *Educação como prática de liberdade.* Rio de Janeiro: Paz e Terra, 1967.

Willems, Emilio. "Protestantism and Culture Change in Brazil and Chile". In: Frederick B. Pike e W. V. D'Antonio (orgs.). *Religion, Revolution and Reform.*

ÍNDICE ONOMÁSTICO

Abramson, John, 23-4
Agostinho, Santo, 29, 30
Almeida, Candido Mendes de, 111-3, 117
Alves, Márcio Moreira, 27, 113, 116, 125, 127
Aristóteles, 30
Bacon, Francis, 66
Beck, Ulrich, 17
Berdiaev, Nicolas, 169
Berlinck, Manoel T., 193-4
Bertolucci, Bernardo, 13
Boff, Leonardo, 28
Browne, Malcolm W., 123-4
Camargo, Cândido Procópio Ferreira de, 191-2, 195
Carneiro, Edson, 191
Castro, Fidel, 43
Charbonneau, Paul-Eugène, 157
Chardin, Teilhard de, 30, 141-52, 168, 199
Chauchard, Paul, 145
Chomsky, Noam, 17, 20, 91
Cícero, Padre, 193
Cohn-Bendit, Daniel, 46, 87
Comblin, José, 173, 179
Comte, Augusto, 179
Conselheiro, Antônio, 193
Constantino, Imperador, 131-2
Costa, Esdras Borges, 190
Cuypers, Hubert, 146-7

D'Antonio, William V., 110-1, 187
D'Epinay, Christian Lalive, 186-7
D'Horta, Arnaldo Pedroso, 33, 50, 76, 78, 91, 96
Damboriena, P., 183-5, 189
Daniel, Y., 152
Daniélou, Jean, 146
De Gaulle, Charles, 38, 46, 95
Debray, Régis, 99
Descartes, René, 66, 134
Detrez, Conrado, 143
Domenach, J.-M., 130-1, 141, 156
Dutschke, Rudi, 43, 49, 96
Ehrenreich, Barbara, 10
Eisenhower, Dwight D., 18
Fabro, Nando, 136-7
Figueiredo, Jackson de, 114
Finke, Roger, 31-2
Floridi, Ulisse Alessio, 116
Freire, Paulo, 112, 115, 124-9
Freud, Sigmund, 68
Galilei, Galileu, 66, 134, 142
Garaudy, R., 43-4, 143, 147, 160
Garrone, Cardeal, 161, 164
Gatti, Adolfo, 89
Giddens, Anthony, 17
Godin, H., 152
Gomis, Juan, 120
Guevara, Ernesto "Che", 87, 118
Gutiérrez, Gustavo, 28
Hirschman, Albert, 10

Howard, G., 189
Howe, James, 125
Husserl, Edmund, 149
Jameson, Fredric, 15
Jaspers, Karl, 126
João Paulo II, 9, 26
João XXIII, 26, 30, 109, 141, 157
Justiniano, Imperador, 159
Kardec, Allan, 191
Ketteler, Monsenhor, 136
Kloppenburg, B., 191
Lacroix, Jean, 152, 159
Lapouge, Gilles, 42
Leão XIII, 136, 157, 174
Lebret, Pe., 156
Lênin, Vladimir I., 45, 135
Levada, Jv. A., 151
Lima, Alceu Amoroso, 122, 138-9
Lipovetsky, Gilles, 14
Macpherson, C. B., 13
Marcel, Gabriel, 126
Marcuse, H., 50, 76, 79, 81-2, 84-5
Maritain, Jacques, 30
Marx, Karl, 39, 40, 44, 46, 68, 79,
    80, 98, 135-6
Mattos, Olgária, 34
Mills, Pamela, 51
Montvalon, R. de, 130-1, 141, 156
Montuclard, Maurice, 152, 154
Montessori, M., 63
Morin, Edgard, 86-7
Mossadegh, Mohammed, 20
Mounier, Emmanuel, 30, 104, 126,
    152, 154-5, 172, 177
Muraro, Rose Marie, 33
Neill, A. S., 61-2
Ozanam, Frederico, 136
Pappenheim, Fritz, 67
Paulo VI, 26, 158, 160, 163, 165-6
Pedreira, Fernando, 110
Pessoa, Francisco Lage, 115

Piao, Lin, 95
Pierucci, Antônio Flávio, 29
Pike, Frederick B., 111, 187
Pineda, Gonzalo A., 118-9
Pio XI, 137, 139, 141
Pio XII, 157-8, 165
Platão, 29
Putin, Vladimir, 19
Putnam, Robert, 9-10
Radice, Lucio Lombardo, 151
Rahner, Karl, 162
Ramos, Arthur, 191
Robertson, Nan, 72
Rodrigues, Nina, 191
Rouanet, Sérgio Paulo, 12
Sabin, Albert, 24
Santa Cruz, Frei Benevenuto de,
    117
Sartre, J.-P., 12, 45, 47, 79, 149
Schooyans, Michel, 178
Shaull, Richard, 170, 176
Smulders, Pieter, 149-50
Souza, Beatriz Muniz de, 186
Spini, Giorgio, 51, 89
Stark, Rodney, 31-2
Stigler, George, 24-5
Suhard, Cardeal, 153
Togliatti, Palmiro, 160
Tomás, Santo, 29, 30
Torres, Camilo, 118-20, 169
Touraine, Alain, 12
Tsé-Tung, Mao, 38, 88, 95
Vauthier, Pierre, 115
Villeroy, M., 186
Vital, Dom, 178
Weber, Max, 28-9
Weffort, Francisco C., 127-8
Weill, Simone, 126
Wenders, Wim, 16
Willems, Emilio, 187-8, 194
Wysong, Earl, 11

SOBRE O AUTOR

Luiz Carlos Bresser-Pereira nasceu em São Paulo, em 1934. Após cursar a Faculdade de Direito da Universidade de São Paulo, tornou-se mestre em Administração de Empresas pela Michigan State University, nos Estados Unidos, e doutor e livre-docente em Economia pela Universidade de São Paulo. É professor, desde 1959, da Fundação Getúlio Vargas de São Paulo. Ministra, anualmente, curso de um mês na École d'Hautes Études en Sciences Sociales de Paris. É membro do conselho diretor do CEBRAP, de cuja fundação participou em 1970. Lecionou regularmente, em nível de pós-graduação, na Universidade de Paris I e no Departamento de Ciência Política da USP. Foi conferencista visitante da Universidade de Oxford e do Instituto de Estudos Avançados da USP.

Lançou seu primeiro livro em 1968, *Desenvolvimento e crise no Brasil* (1968/2003). Desde então publicou mais de vinte obras, muitas delas traduzidas para o inglês, o espanhol, o francês e o japonês. Entre elas: *A sociedade estatal e a tecnoburocracia* (1981), *Inflação e recessão* (com Yoshiaki Nakano, 1984), *Lucro, acumulação e crise* (1986), *Economic Reforms in New Democracies* (com Adam Przeworski e José Maria Maravall, 1993), *Reforma do Estado para a cidadania* (1998) e *Democracy and Public Management Reform: Building the Republican State* (2004). Mantém um *site* na internet, www.bresserpereira.org.br, onde se encontra disponível boa parte de sua obra acadêmica e de seus artigos publicados na imprensa.

É membro do conselho consultivo do Grupo Pão de Açúcar, do qual foi diretor administrativo entre 1965 e 1983. Na administração pública, foi presidente do Banespa (1983-85) e secretário de Governo do Estado de São Paulo (1985-87) na gestão Franco Montoro; ministro da Fazenda do presidente José Sarney (1987); ministro da Administração Federal e Reforma do Estado (1995-98) e ministro da Ciência e Tecnologia (1999) no governo Fernando Henrique Cardoso. Hoje dedica-se em tempo integral à vida acadêmica na Fundação Getúlio Vargas e à direção da *Revista de Economia Política*, que fundou e edita desde 1981, além de escrever quinzenalmente para o jornal *Folha de S. Paulo*.

Este livro foi composto em Sabon pela
Bracher & Malta, com fotolitos do Bureau 34 e impresso pela Bartira Gráfica
e Editora em papel Pólen Soft 80 g/m²
da Cia. Suzano de Papel e Celulose para
a Editora 34, em abril de 2006.